JOHANNES EUCKER · DIETRICH GRÜNEWALD
HELGA KÄMPF-JANSEN · INGELORE SENGSTMANN

PROJEKT ILLUSTRIERTE

Bericht, Kommentar und
Materialien für Schule und Hochschule

Anabas-Verlag Günter Kämpf KG

REDAKTION: GÜNTER KÄMPF

1. Auflage April 1973

COPYRIGHT: Anabas-Verlag Günter Kämpf KG, D-6301 Wißmar/Gießen, 1973. Erstausgabe. Alle Rechte vorbehalten. Printed in Germany. Satz: Anabas-Verlag, Herstellung: Köhler KG, Gießen-Wieseck.

ISBN: 3-87038-024-1

ZU DIESEM BUCH

Im Sommersemester 1971 hat eine Gruppe von Studenten und Dozenten am Institut für Kunsterziehung der Justus Liebig-Universität Gießen ein Projekt vorbereitet, das sich als Alternative zur traditionellen Seminararbeit versteht. Die Planung und der Verlauf der im Wintersemester 71/72 unter Beteiligung von mehr als 60 Studenten durchgeführten Projektarbeit werden hier beschrieben und zugleich kritisch kommentiert.

Ausgangspunkte sind die Erwartungen der Beteiligten, die Klassenlage der Lehrerstudenten allgemein und das Lehrangebot zur Zeit der Projektplanung. Die Bestimmung der Ziele ist zwar ohne die situativen, soziokulturellen und psychischen Bedingungen der an der Arbeit beteiligten Gruppen nicht zu denken (und müßte, für neue Gruppen, aus deren spezifischen Bedingungen jeweils neu entwickelt werden), die hier jedoch in einen Begründungszusammenhang gestellten Motive für die Projektarbeit liefern gewiß ausreichende Anknüpfungspunkte für die Leser. Ausgangspunkte bei der Projektplanung

So ist das Unbehagen gegenüber den Inhalten wie den Arbeitsformen der Lehre ebenso verbreitet wie die Kritik an der Isolierung der Fächer und der einzelnen Veranstaltungen innerhalb der Fächer. Für das Fach „Kunst/Visuelle Kommunikation" kommt die Unsicherheit in der Einschätzung seines Stellenwertes hinzu, und – als Spezifikum – die Frage nach der Rolle der „ästhetischen Praxis".

Projektarbeit versteht sich hier keineswegs als reine Organisationsform, d.h. formal, sondern definiert sich durch die politisch-emanzipatorische Zielsetzung und den sich daraus ableitenden adäquaten Inhalten, Arbeits- und Organisationsformen. Projektarbeit

Solches Projektverständnis grenzt sich damit deutlich von der weitverbreiteten, pluralistischen Verwendung des Projektbegriffs ab, für die das folgende Beispiel stehen soll: Die Zeitschrift „Kunst + Unterricht" versucht in mehreren Beiträgen Projekte zu definieren und vorzuführen. So versteht sich in einer Globalfassung (im Sonderheft 1971) Projekt als „gemeinsame Unternehmungen von Schülern und Lehrern, die an reale Situationen anknüpfen, andere Disziplinen einbeziehen und nur in der Gruppe zu bewältigen sind; z.B. ein Faschingsfest, eine Aufführung, die Um- Beispiel für eine pluralistische Verwendung des Projektbegriffs gestaltung eines Raumes usw.".

In einer längeren Auseinandersetzung in Heft 14/71 wird die
neue Arbeitsform durch drei Forderungen charakterisiert:
„Zusammenarbeit mit Schülern", „Einbeziehung außerschu-
lischer Experten" und „Zuordnung verschiedener konventio-
neller Fächer". Gleichzeitig soll die Rolle der Lehrenden neu
bestimmt werden: „Sie haben kein Informationsmonopol
mehr, sondern sind allenfalls Mitarbeiter mit partiellem Informationsvorsprung."

Dieser Forderungskatalog versteht sich rein formalistisch, Keine Ziele
Ziele werden auch nicht ansatzweise formuliert. Inhalte wie „Faschingsfest", „Aufführungen" oder „Umgestaltung eines Raumes" sind rein aktionistisch gesehen und völlig austauschbar,
weil sie sich von keiner Zielsetzung ableiten. Bezeichnend
ist die Angabe solcher Inhalte auch insofern, als sie Rander-
scheinungen im Bereich Schule sind. Erklärt werden kann
solche Auswahl, wenn man der Meinung ist, daß Projektarbeit ohnehin nicht durchführbar sei, „weil sie nicht in die
tradierten Organisations-, Vermittlungs- und Systematisie- „paßt nicht
rungsschemata" der Schule passe. So stellt sich auch als in die Schule"
Ziel der Projektarbeit dar, daß „uns klar werden (kann),
welche wichtigen Inhalte, welche notwendigen Arbeits- und
Sozialformen, welche Ziele wir in Schule und Hochschule
nicht verwirklichen können."

Was sich dagegen setzen läßt, ist ohne weiteres aus der Beschreibung des Projekts im ersten Teil dieses Buches zu de-
duzieren.

Im zweiten Teil des Bandes werden die schon in der Be-
schreibung angesprochenen Texte (geordnet nach den Materialien
Bereichen *Informationen zur Illustrierten — Kapitalis-* im zweiten
mus und Pressefreiheit — Anatomie der kapitalistischen Teil des
Gesellschaft — Medientheorie — Massenkommunikation Buches
— Aussagenanalyse) verfügbar gemacht: als Material zum
Weiterstudium und als Ausgangspunkt für die Arbeit in
der Schule (vor allem in der Sekundarstufe II).

Zum Textverständnis
Die kursiv gesetzten Teile verstehen sich als theoretische
Exkurse zu Fragen, die in der Projektbeschreibung aufge-
worfen werden.

4

Teil 1

(Inhaltsverzeichnis siehe Seite 143)

Teil 1

1. ZUR AUSGANGSSITUATION

1.1. Erwartungen der Studenten

Aufschlüsse über Lernerfahrungen und Lernerwartungen
der Studienanfänger gibt eine im Herbst 1971 an der
Justus Liebig-Universität durchgeführte Untersuchung [1].
Die Erwartungen der Studenten sind geprägt von den
Sozialisationsprozessen der Schule und durch ihr Bild
von der Universität: die Fächerung und die Isolierung
von Theorie und ästhetischer Praxis bestimmen die Erwartungen an das Studium des Faches „Kunsterziehung".
Die Studenten haben vor dem Studium primär praktisch
gearbeitet und rechnen nun mit einer Erweiterung ihrer
persönlichen Möglichkeiten in der ästhetischen Praxis   ästhetische Praxis
— vor allem in technisch aufwendigen Verfahren wie
Fotografie und Siebdruck.
Schwerpunkt der bisherigen fachwissenschaftlichen
Auseinandersetzung in der Schule waren die Kunstgeschichte aller Epochen, besonders aber moderne Kunst
von 1900 — 1960 bzw. die Analyse von Kunstwerken.
Vom Studium erwarten sie eine Fortsetzung und Inten-
sivierung dieser Arbeit; sie sind besonders an der aktuellen
Kunst nach 1960 interessiert.
Mit den zentralen Inhalten des Faches Kunst/Visuelle   Massenmedien
Kommunikation [2] sind die Studienanfänger seither
nur über die Analyse von Werbung in Berührung gekom-
men. Hier erwarten sie zwar eine verstärkte Auseinandersetzung, verstehen aber Analyse nur als an den Phänomenen orientierte Betrachtung von Werbeaussagen —
ohne politökonomischen Hintergrund.
So werden Veranstaltungen zur Theorie und Analyse
von Massenmedien (Film, Fernsehen, Comics, Illustrierte)
nur von wenigen als Gegenstand des Studiums ‚Kunst/
Visuelle Kommunikation' angesehen. Das Interesse ist   Interesse an Kunst
deutlich auf Kunst (im Sinne des traditionellen Wertbe-

griffs), kaum auf Massenmedien gerichtet.

1.2. Klassenlage der Lehrerstudenten [3]

Diese Erwartungen der Studenten der ‚Kunst/Visuellen
Kommunikation' sind im Zusammenhang mit der Klassenlage der Lehrerstudenten allgemein zu sehen:
Der größte Teil der Lehrerstudenten stammt aus bürger-   Elternhaus
lichem Elternhaus; sie sind häufiger als andere Studen-
ten auf Kurzstudium und Studienförderung angewiesen.
Die relativ starke Fixierung auf das Elternhaus dokumen-
tiert sich auch darin, daß viele Lehrerstudenten zu Hause
wohnen oder Wochenendfahrer sind. Meist sind sie das
erste bzw. einzige Mitglied der Familie, das eine „Aka-
demikerlaufbahn" einschlägt. Darin ist die Begründung
zu sehen für eine relativ geringe Bildungserwartung und
einen relativ hohen Anpassungsgrad. Fast 70 % der Lehrerstudenten sind weiblichen Geschlechts, sie sehen Ausbildung und Beruf noch weitgehend als Durchgangssta-
dium. Überlegungen zu längerfristigen Berufsperspek-
tiven werden dabei als unnötig empfunden. Relativ viele Studenten kommen aus anderen Berufssparten (auch
zweiter Bildungsweg) oder haben das Studium gewechselt
und nehmen aufgrund der erfahrenen Frustration und
Enttäuschungen jetzt alles Gebotene unkritisch auf.
Der Lehrerstudent ist zu charaktersieren als ängstlicher
angepaßter Kleinbürger; er schätzt seine intellektuellen
Fähigkeiten im allgemeinen gering ein und leidet gleichzeitig darunter. Eng damit verbunden ist die Bereitschaft
zur Fixierung auf eine Autorität, was z.B. auch in der   Autorität
Identifizierung mit ihr sichtbar wird.
„Angst" vor Sanktionen und Hoffnung auf Belohnungen
prägen das Studienverhalten.
Mit dem Blick auf Scheinforderungen und Prüfungssi-
tuation werden Fakten unkritisch rezipiert und ange-
häuft. Der Orientierungspunkt der Lehrerstudenten ist
die Schulwirklichkeit; dabei gehen sie von ihren eigenen
Schulerfahrungen aus. Pädagogik wird nicht verstanden
als wissenschaftlicher Prozeß, sondern unterliegt den
charismatischen Eigenschaften der Lehrerautorität. Mit
der idealistischen Vorstellung von einem „talentierten"
Praktiker, der die eigentliche Ausbildung erst in der
Schulpraxis sieht, schließt sich der Kreis der wissen-

schaftsfeindlichen Ideologie.

Diese Erkenntnisse machen deutlich, daß Intentionen des Projektstudiums (nicht-hierarchisches Lernen, eigene Steuerung der Lernprozesse) mit dem bisherigen Lernverhalten und den daraus resultierenden Rollenerwartungen kollidieren müssen und Frustrationen und Aggressionen entstehen können.

Projektstudium

1.3. Das Lehrangebot zur Zeit der Projektplanung

Zur Zeit der Projektplanung wurden im Institut für Kunsterziehung u.a. die folgenden Veranstaltungen angeboten:

Im Bereich der Fachwissenschaft 11 Pro-Seminare, 1 Vorlesung

Im Bereich der Fachdidaktik 7 Pro-Seminare

Im Bereich der künstlerisch-praktischen Übungen 23 Veranstaltungen.

Das Lehrangebot ist eindeutig ausgerichtet:

die Fragestellungen der Fachwissenschaft leiten sich ausschließlich von der Kunst, ihrer Phänomenologie und Geschichte ab (Ausnahme: ein Seminar über die Kinderzeichnung).

Kunst

Die Angebote der Fachdidaktik sind von diesen Inhalten bestimmt.

Die künstlerisch-praktischen Übungen sind fast durchgängig entweder von der immanenten Fragestellung einer ,,grundlegenden Farb-, Form- und Kompositionslehre'' oder von einer einseitig technischen Ausrichtung geprägt.

ästhetische Praxis

Dazu einige Beispiele:

Fachwissenschaft: Wandel der Kunst und des Weltbildes Malerei im 20. Jh. (Klee, Kandinsky, Marc, Macke, Nolde) — Vorlesung
Analyse und Interpretation von Kunstwerken (Seminar)
Kunstgeschichtliches Repetitorium (Seminar)
Tendenzen in der Plastik der Gegenwart (Seminar)

Fachdidaktik: z.B. Kunstpädagogische Theorien — Aktuelle didaktische Ansätze im Bereich der Kunstbetrachtung
Die Bedeutung der Lerntheorie für die Didaktik der Kunsterziehung

Prakt. Übungen: 16 von 23 Veranstaltungen schwerpunktmäßig zu verstehen als „grundlegende Farb-, Form- und Kompositionslehre", z.B. grundlegende Farb-, Form- und Kompositionslehre Puppenbau; außerdem: Tiefdruck, plastisches Gestalten Ton, Holz, Gips, Metall etc.
7 Übungsangebote verstehen sich ausschließlich von der Technik her, z.B. „Malen, Farblehre und Techniken", „Malerisch-grafische Techniken", „Die künstlerischen Techniken mit praktischen Versuchen"

Diese Angebote korrespondieren mit den Erwartungen der Studenten, (Auseinandersetzung mit Kunstwerken und künstlerischem Schaffen), Lehrangebote wie:

Didaktik einer Kunst- und Massenmedienerfahrung (Seminar)
Fernsehen im Unterricht (Seminar)

Massenmedien

sind Ausnahmen (Verhältnis 44 Veranstaltungen zu 6).[4] Gleicherweise traditionell wie das Gros der Lehrangebote ist auch die Vermittlung der Inhalte: die Veranstaltungen werden mit nur einer Ausnahme (Fernsehen im Unterricht) von *einem* Lehrenden vorgeschlagen, geplant und durchgeführt. Die Arbeitsformen der Seminare entsprechen in der Regel dem Frontalunterricht in der Schule. Nur in wenigen Veranstaltungen wird in Gruppen gearbeitet.

Arbeitsformen

Fazit:

Die Ausgangssituation für Projektarbeit am damaligen Institut für Kunsterziehung im SS 1971 ist gekennzeichnet durch folgende situativen, sozio-kulturellen und psychischen Bedingungen der Studenten:

● ein gleichbleibendes Lehrangebot, das sowohl in der Fachwissenschaft wie in der Didaktik ausschließlich auf „Kunst" und „künstlerisches Schaffen" gerichtet ist,

● Lernerfahrungen und Lernerwartungen der Studenten, die diesem Angebot inhaltlich weitgehend entsprechen,

● die Bereitschaft der Studenten, Autoritäten und die von ihnen vermittelten Inhalte unbefragt zu übernehmen,

● die geringe Einschätzung der eigenen intellektuellen Fähigkeiten,

● die unreflektierte Orientierung an einer nur vage bekannten Schulpraxis und damit verbunden die Abneigung gegen Theorien der Fachwissenschaft, sofern sie nicht pragmatisch-direkten Praxisbezug erkennen lassen.

2. PLANUNG UND VORBEREITUNG DES PROJEKTES „ILLUSTRIERTE" VOR SEMESTERBEGINN

2.1. Motive

Die Mitglieder der Planungsgruppe kamen mit unterschiedlichen Erwartungshaltungen, die sich auf folgende Motive zurückführen lassen, zur Projektarbeit:

2.1.1. allgemeines Unbehagen über das Lehrangebot, seine Gegenstände und Arbeitsformen

2.1.2. Unzufriedenheit mit der Isolierung von fachwissenschaftlichen, fachdidaktischen und künstlerisch-praktischen Veranstaltungen

2.1.3. Unsicherheit in der Einschätzung von Funktion und Stellenwert des Schulfaches „Kunst"

Erwartungen der Studenten in der Planungsgruppe

Im folgenden soll versucht werden, die verschieden strukturierten Motivationsebenen — wie sie ihren Ausdruck fanden in Unmuts- und Unzufriedenheitsäußerungen — abstrakt in einen Begründungszusammenhang zu stellen.

Zu 2.1.1.: Unzufriedenheit mit dem Lehrangebot
Die Kritik an den traditionellen Lehrveranstaltungen, die z.B. die Doktrination von Inhalten, das Dozieren eines Einzelnen, das hierarchisch strukturierte Rollenverhalten angeht, antizipiert zugleich andere Formen des Lehrens und Lernens.

Unzufriedenheit mit dem Lehrangebot

Lehr- und Lernprozesse unter emanzipatorischer Zielsetzung beschränken sich nicht auf „die Erkenntnis der Bedingungen, unter denen Lernen stattfindet", sie beziehen „immer auch eine (potentielle — d. Verf.) Veränderung dieser Bedingungen mit ein." [5]
Sie sind Voraussetzung „für die Einlösung des in unserer Gesellschaft mit dem Grundgesetz erhobenen Anspruchs nach Selbst- und Mitbestimmung des Einzelnen in gesellschaftlichen Entscheidungsprozessen". [6]

emanzipatorische Zielsetzung

11

Forschendes Lernen (FL)

Das FL ist abzugrenzen gegenüber Begriffen wie „Gene-
tisches", „Rezeptives" und „Kritisches Lernen". [7]
Die Definition des Begriffes „Forschendes Lernen" hat
in den einzelnen Wissenschaften unterschiedliche Be-
griffe der Forschung zu beachten. Es kommt beim FL
nicht auf objektive Neuheit des Resultats an, sondern
auf die subjektive Neuheit des Problems für die einzel-
nen Individuen.

Stichwortartig können die wichtigsten Kriterien für FL
wie folgt gefaßt werden

Forschendes
Lernen

- *die selbständige Wahl des Themas durch den For-*
  schenden (Lernenden), gleichgültig, ob ihm das Pro-
  blem durch eigene Arbeit, Beratung, Diskussion
  oder Beobachtung bewußt geworden ist;
- *die selbständige ‚Strategie';*
- *das Risiko (Irrtümer und Umwege, aber auch die*
  Chance für Zufallsfunde);
- *die Notwendigkeit, den Forschungsansatz mit Ausdauer*
  und logischer Konsequenz bis zu einem positiven oder
  negativen Ergebnis durchzuhalten;
- *die Prüfung des Ergebnisses hinsichtlich seiner Ab-*
  hängigkeit von Hypothesen und Methoden;
- *die Aufgabe, das erreichte Resultat so darzustellen,*
  daß seine Bedeutung klar und der Weg zu ihm nach-
  prüfbar wird.

Zu 2.1.2.: Kritik an der Isolierung der einzelnen Ver-
anstaltungen

Da die voneinander isolierten Veranstaltungen (im Fach
Kunst die Auffächerung in fachwissenschaftliche, fach-
didaktische und künstlerisch-praktische) charakteristi-
scher Ausdruck sämtlicher Wissenschaftsgebiete im
Hochschulbereich sind, bestimmt diese Trennung auch
weitgehend Denkstrukturen, die Auswahl von Inhalten
und die Immanenz ihrer Betrachtung. Dieser Isolierungs-
prozeß wiederholt sich durch die Trennung und Abgren-
zung sämtlicher Disziplinen untereinander.

Zweifellos korrespondiert diese Situation an den Hoch-
schulen mit dem, was der Begriff „Arbeitsteilung" für
die gesellschaftliche Produktion beschreibt, ohne daß
ein direkter Analogieschluß möglich ist.

isolierte
Veran-
staltungen

„Arbeits-
teilung"

Zu 2.1.3.: Unzufriedenheit mit der Einschätzung von
Funktion und Stellenwert des Faches „Kunst"

Solange in unserer Gesellschaft der Widerspruch zwischen
gesellschaftlicher Arbeit und privater Aneignung fortbe-
steht, wirkt die Struktur der so gestalteten Produktions-
verhältnisse auch in die Schule hinein, und zwar doppelt:
Die Schule dient sowohl der Effektivierung der Anwen-
dung von Arbeitsvermögen (sei es im Sinne von hoch-
gradiger Spezialisierung oder einem Training zur Anpas-
sung an schnell wechselnde Bedingungen, gekennzeichnet
durch Begriffe wie „Flexibilität", „Mobilität") wie der
Legitimation der Bedingungen, unter denen Arbeit statt-
findet.

Schule
und
Kapitalismus

„Ein entsprechendes Fach wie Kunstunterricht macht
heute Funktionalität und Disfunktionalität von Unter-
richt im Kapitalismus exemplarisch: Der Unterrichts-
gegenstand Kunst ist von der bürgerlichen Ideologie
in einen politischen Freiraum versetzt und mit der Aura
des Erhabenen und Besonderen umgeben; den Künstler
hat diese Ideologie als einsam und individuell Schaffen-
den zum Gegenbild kapitalistischer Produktionsweisen
stilisiert, seine Produktionen aber gleichzeitig vermarktet.
In der Vermittlung dieser Ideologie genügt das Schul-
fach begrenzt den herrschenden Interessen. Im Hin-
blick jedoch auf die notwendige Vermittlung von Quali-
fikationen, die Arbeitsvermögen dem entwickelten Stand
der Produktionsmittel anpassen sollen, ist das Fach un-
ökonomisch und für Investitionen uninteressant (...).
Das Schulfach wird man als kulturelles Alibi in Rand-
reichen einer technokratisch reformierten Schule halten;
es wird dann offiziell das sein, was es inoffiziell schon
lange ist. Bemühungen um Verbesserungen in diesem
Fach, um intensivere Lehrerausbildung (...) sind für
herrschende Interessen Fehlinvestitionen − für politisch-
emanzipatorische Interessen falsche Strategien." (8)

Freiraum

Für
Investitionen
wie für
emanzipatorische
Interessen
ungeeignet

Und weiter:

„Visuelle Kommunikation zum Gegenstandsbereich von
Unterricht zu machen, widerspricht dagegen den unmittel-
baren Interessen der herrschenden Klasse − zumal dann,
wenn dieser Bereich auch Kunst (-und damit Inhalte tra-
ditioneller Kunstpädagogik) integriert. Mit dem Verweis
auf ‚Kommunikation' sind nicht mehr Produkte, sondern
Prozesse und ihre gesellschaftlichen Bedingungen (...)

Visuelle
Kommunikation
als Gegenstands-
bereich von
Unterricht

primärer Gegenstand der Reflexion."
Politisch ist dieser Ansatz, weil er notwendig auf die Analyse gesellschaftlicher Produktion und Reproduktion zielt.
Gerade der Reproduktionsbereich wird ja in erheblichem Maß von den Medien organisiert: die Isolierung im immer mehr vergesellschafteten Produktionsprozeß bewirkt für die Individuen ein gesteigertes Kommunikationsbedürfnis, das kompensatorisch abgedrängt und aufs Private reduziert wird.
„Die politisch-ökonomische Erarbeitung von Struktur und Funktion der Massenmedien in modernen Massenschulen wird disfunktional zum System, wenn in selbstbestimmten Lernprozessen mit der Aufdeckung autoritärer und verschleiernder Intentionen der Medien Klassenverhältnisse bewußt werden". [9]

Die Diskrepanz zwischen dem Schulfach Kunst, wie es heute noch besteht, und den durch den entwickelten Stand der Produktionsmittel veränderten Anforderungen an Schule und Hochschule verweist auf ein Phänomen, das schon Walter Benjamin registriert hat:
die Differenz zwischen dem jeweiligen Stand der realgesellschaftlichen Verhältnisse und der sich ebenfalls fortentwickelnden ideen- und geistesgeschichtlichen Abstraktion eben dieser Verhältnisse. Der geistige Überbau spiegelt nicht notwendig den jüngsten Stand gesellschaftlicher Basis.
Geht man davon aus, daß die genaue Einsicht in die Organisation gesellschaftlicher Arbeit auch konkrete Ansätze zu ihrer Veränderung liefert, bleibt die Aufgabe der Schule eine doppelte:
– sie besteht einmal in der Vermittlung von Fähigkeiten zum Erkennen der Wirklichkeit (statt der reinen Effektivierung des Arbeitsvermögens in deren Dienst), um die in dieser Wirklichkeit selbst liegenden Möglichkeiten ihrer Veränderung nicht zu verstellen (und zwar im Produktions- wie im Reproduktionsbereich)
– sie besteht zum anderen in der Vermittlung von Fähigkeiten, die die Bedingungen ideologischer Bewußtseinsbildung überhaupt durchschaubar machen.

Basis
und
Überbau

2.2. Ziele

Aus dieser abstrakt formulierten Einschätzung lassen sich nur dann detaillierte Ziele ableiten, wenn sie an bestimmte Situationen anknüpfen. Der folgende Katalog von Zielvorstellungen bezieht sich konkret auf die oben dargestellten situativen, soziokulturellen und psychischen Bedingungen der Lehrerstudenten am Institut für Kunsterziehung Gießen im SS 71.

Ziele für Projektarbeit:

2.2.1. Erkennen der eigenen Bedürfnisse und Interessen, ihre Artikulation (mit optischen Medien) und ihre Realisation.

„Gemeint sind Versuche des Probehandels, Versuche, verinnerlichte und als repressiv erkannte Barrieren hier und jetzt zu überspringen, und zwar nicht nur — wie in klassisch-analytischer Gruppentherapie — auf einer verbalen Ebene, sondern durch unmittelbares Verhalten."[10] *Das Prinzip der positiven Verstärkung, das vorwiegend auf Verhaltensweisen ausgerichtet ist und das „sich auf einen der Planung und der Veränderung zugänglichen Teil der Umwelt des Lernenden" bezieht, ist solange relevant, bis eine Urteilsfähigkeit ausgebildet ist, das eigene „Verhalten in bestimmten Situationen selbst zu bewerten und zu beurteilen."* [11]

— individuelle Interessen und Erwartungen auf ihre objektiven Bedingungen zurückführen
— Abbau des Autoritätsdenkens (Durchschauen und Hinterfragen der eigenen Rolle und der der Dozenten)
— Konflikte erkennen und tendenziell abbauen lernen
— Bedeutung der Motivation für sich und andere beurteilen lernen
— das Denken in Fachgrenzen erkennen und abbauen lernen
— „Forschendes Lernen" ermöglichen
— Planung, Erarbeitung und Verantwortung der Lerninhalte, Methoden, Medien und des Verlaufs der Veranstaltungen in Zusammenarbeit mit Dozenten, d.h. nicht-hierarchisches Lernen anstreben und Lernprozesse der Gruppe selbst steuern lernen.

2.2.2. Einsicht in die ideologievermittelnde Funktion

Bedürfnisse und Interessen

Verhalten

Urteilsfähigkeit

– des bisherigen Faches Kunsterziehung/Kunstunter-
richt
– der Kunst in der kapitalistischen Gesellschaft
– der Aussagen von Massenmedien

2.2.3. Standortfindung zur Bewertung
– der didaktischen Ansätze des Faches
– von anderen Veranstaltungen im Rahmen des eigenen Studiums
– der eigenen zukünftigen Aufgabe in der Schule

Projekte, die auf dieser Grundlage konzipiert sind, sollten
– interdisziplinär durchgeführt werden
– von gesellschaftsrelevanten Problemstellungen ausgehen
– sich an der speziellen Berufspraxis (hier Lehrer)
orientieren
– durch permanenten Diskussions- und Entscheidungs-
prozeß verändert werden können
– in flexibel gehaltener Organisation die Erprobung
kooperativer Arbeitsformen ermöglichen.

Forderungen an Projektarbeit

Projektarbeit versteht sich immer als eine Einheit von
Fachwissenschaft, Fachdidaktik und ästhetischer Praxis, wobei Schwerpunkte zu setzen sind.

Literatur

Forschendes Lernen – Wissenschaftliches Prüfen; Schrif-
ten der BAK, Nr. 5, Bonn 1970, bes. S. 12
INFO 3. Zum Projektstudium, 1., Druckzentrum AStA
PHN - Göttingen, Juni 1971; erhältlich 34 Göttingen,
Waldweg 26 (hierin sind alle bisher zum Projektstudium
erschienenen Texte enthalten).

2.3. Ästhetische Praxis

Ein Spezifikum eines Projekts im Fach Kunst/Visuelle Kommunikation stellt der Bereich der ästhetischen Praxis dar. Die bisherige fachimmanente Ausprägung der ästhetischen Praxis einerseits, andererseits das Interesse der Studierenden an künstlerischer Arbeit überhaupt [12] verlangen im Rahmen des Projekts eine Neubestimmung:

1. Ästhetische Praxis als Beitrag zur Analyse von Illustrierten,

d.h. mit ästhetischen Mitteln die Struktur und die Funktion von Bildberichten und Werbeaussagen von Illustrierten sinnlich erfahrbar machen.

Beispiele:

— Umfang von Bild- und Textanteil durch getrenntes Aufkleben auf große Flächen sichtbar machen

quantifizierendes Vorgehen

— Umfang der (direkten) Werbung und des redaktionellen Teils durch getrenntes Aufkleben (dabei Kennzeichnung der indirekten Werbung im redaktionellen Teil) sichtbar machen

— das Verhältnis von Bild und Bildtext charakterisieren, indem Fotos und Bildtexte ausgetauscht bzw. neu zugeordnet werden

bedeutungsbezogenes (qualifizierendes) Vorgehen

— die Verwendung identischer Codes in Werbung und redaktionellem Teil durch Collagen von Fotos und Texten der Anzeigen und des redaktionellen Teils nachweisen

— identische oder ähnliche Bildmotive z.B. in Berichten über Politiker und Stars nachweisen, indem sie zu Gruppen gefaßt aufgeklebt werden

— Layout-Prinzipien verschiedener Bildberichte (auch Serien) durch Nebeneinandermontieren augenfällig machen

— Slogans und imperative Sprachformen der Werbung und des redaktionellen Teils erfahrbar machen, indem Textcollagen erstellt werden

— kritische Einschätzung von Bildberichten ermöglichen, indem sie parodiert, persifliert, ironisiert werden, z.B. durch Kontext-, Proportions- und Farbveränderungen, durch Zusätze, Addition gleicher Elemente und durch Isolierung

17

— auf Funktionen und Mechanismen der Konsum- und
Imagewerbung durch Übersteigerung der Wort- und
Bildtopoi der Anzeigen hinweisen

— den Warencharakter der Illustrierten, die Intention
des Produzenten, Tauschwerte herzustellen und in
Geld zu realisieren, darstellen

— die Funktion der Illustrierten für verschiedene Rezi-
pientengruppen durch Bildgeschichten, Schemazeich-
nungen und Schautafeln aufzeigen.

Ästhetische Praxis als Beitrag zur Aussagen-Analyse kann
— wie die wissenschaftliche Aussagenanalyse [13] quantitativ und qualitativ angelegt sein. Die Beispiele 1 und 2
(siehe oben) kennzeichnen quantifizierendes Vorgehen,
das zu exakten und objektiven Ergebnissen führt, die
auch in Zahlengrößen angegeben werden könnten. Sie
beschränken sich auf die „syntaktische Ebene" [14] der
Illustrierten, besonders auf das Feststellen von Häufigkeiten und Anteilen.
Die übrigen Beispiele beziehen sich auf die „bedeutungs-
bezogene" [15] Ebene der Aussage, gehen qualifizierend
und unsystematisch vor und sind demnach wie alle Inter-
pretationen subjektiv bestimmt. Aber gerade darin kann
man mit Kracauer die angemessene Methode der Analyse
von „Kommunikationen" sehen:

Quantitative und qualitative Analyse

„Sie fordern den Leser oder den Analytiker dazu heraus,
sie zu absorbieren oder auf sie zu reagieren. Nur indem
er dies je Ganze mit seinem eigenen ganzen Sein aufnimmt, wird der Analytiker ihre Bedeutung — oder eine
ihrer Bedeutungen — entdecken wie bestimmen können
(...). Subjektivität, alles andere als ein Hindernis, ist in
Wahrheit unabdingbar zur Analyse der Materialien, die
vor unseren Augen sich in Nichts auflösen, wenn man
sie irrtümlich für tote Materialien hält." [16]

Kracauer

Die letzten Beispiele (s.o.) versuchen im Sinne der
Medienkritik die Funktion von Illustrierten in unserer
Gesellschaft zu charakterisieren und zu vermitteln.

In der Auseinandersetzung mit Illustrierten leistet demnach die ästhetische Praxis quantitative und qualitative
Analyse, wobei ihr Kommentar, Persiflage, Parodie und

18

An meine Haut lasse ich nur Wasser und CD.

Denn was ist besser für die Haut als die reine Natur?
CD ist die reine Natur so mild und soklar, daß man sie hindurchsehen kann.
CD Seife und Schaumbad.

Natürliche Reinheit, die man sehen kann.

Ansichten einer Dame

**Menschenwürdige Unterkünfte
für die Gastarbeiter!**

**Kampf der materiellen Misere
an den Hochschulen!**

Die Abbildungen auf dieser und der folgenden Seite sind Beispiele aus einer größeren Bildfolge. Oben links die Vorlage, eine Illustrierten-Anzeige für Kosmetika. Um Text-Bild-Beziehungen zu erfahren, wurden mehrere solcher Serien hergestellt.

Kunst~Visuelle Kommunikation?
Nicht ohne meinen Rembrandt!

Glosse als Mittel zur Verdeutlichung zur Verfügung
stehen.

Die ästhetische Praxis als integrierter Bestandteil der
Analyse legitimiert sich vor allem aus dem Studienziel
der am Projekt Beteiligten: sie wollen nicht Kommuni-
kationsforscher oder Kunstwissenschaftler werden,
sondern Lehrer des Faches Kunst/Visuelle Kommunikation. Deshalb gehört es zu ihrer Professionalisierung,
mit den Kenntnissen und Fertigkeiten im Analysieren
gleichzeitig didaktische Formen der Vermittlung zu
lernen und zu erproben.

Orientierung am Studienziel

Die Aufgaben der ästhetischen Praxis in diesem Projekt
sind deshalb zielgruppenorientiert gelöst worden: bezogen auf Studenten oder Schüler.

2. Ästhetische Praxis als Kommunikationsimpuls

Während sich die eine Aufgabe ästhetischer Praxis von
der Inhaltlichkeit des Projekts her bestimmt, rechtfer-
tigt sich eine zweite aus der auf forschendes Lernen
zielenden Arbeit im Projekt. Da es zu den Voraussetzung forschenden Lernens gehört, die Bedingungen
des eigenen Lernprozesses zu begreifen und zu steuern
(vgl. Seite 12), kann es auch Funktion ästhetischer
Praxis sein,

— die eigene Situation darzustellen
— subjektive Bedürfnisse und deren Bedingtheit sichtbar zu machen, also gesellschaftliche Zusammenhänge
   aufzuzeigen und damit bestimmten Zielgruppen (besonders Studenten) Diskussionsanlässe zu liefern.

Die Planung sah vor, die ästhetische Praxis in der beschriebenen Form zu integrieren, sie jedoch nicht zu
institutionalisieren im Sinne einer rigiden Zeitaufteilung
(etwa 2 Stunden „Theorie"/ 2 Stunden „Praxis").
Zusätzlich wurden Kurse zur Vermittlung von notwendigen technischen Fertigkeiten (wie z.B. Fotografie,
Siebdruck) eingeplant.

Kurse

2.4. Auswahl des Gegenstandes

Konflikte und Lernprozesse der Planungsgruppe bei der Wahl des Gegenstandes

Über die Zielvorstellung der Projektarbeit bestand weit gehend Übereinstimmung, alle anderen Vorstellungen, Erfahrungen und Erwartungen aber waren divergent. So hatten die Mitglieder der Planungsgruppe nicht nur unterschiedliche Motive für ihre Entscheidung — gemeinsam ein Projekt anzugehen — aufzuarbeiten, sondern mußten zudem versuchen,

— ihr Vorwissen zu benennen, um sich auf einer gemeinsamen Ebene zu treffen,

— ihre divergierenden politischen Einstellungen und unterschiedlichen Politisierungsgrade zu diskutieren, um so über die daraus resultierenden Auffassungen zu Inhalt und Methode der Projektarbeit zu einer Entscheidung zu kommen.

Da all diese Faktoren deutlich machten, wie jeweils verschieden man sich und die zukünftige gemeinsame Arbeit sah, niemand aber dem anderen weh tun wollte, weil man doch gemeinsam etwas „Neues und Besseres" anstrebte, wurden oft — z.T. unbewußt — inhaltliche Diskussionen ausgespart, um sich nicht zu konfrontieren. Dafür wich man in formale und organisatorische Fragestellungen aus.

Angst
vor
Konflikten

Einzelne allerdings bemühten sich immer wieder, die Diskussion weiterzutragen. Diese Bemühungen waren jedoch deutlich belastet, vor allem auch davon, daß einige bereits einen festen politischen Standpunkt bezogen hatten und ungeduldig waren gegenüber jenen, die gerade erste Einsichten in die „politische Relevanz" von Fachinhalten gewonnen hatten.

Unterschiedliche
Politisierungs-
grade

Vor diesem Hintergrund versuchte man vorsichtig den Gegenstand der zukünftigen Arbeit anzuvisieren.

Mit der Aufarbeitung der Motive zur Zusammenarbeit konnte eine Teilentscheidung bald gefällt werden: Man wollte sich nicht den tradierten, d.h. sich ausschließlich bildnerisch verstehenden Inhalten zuwenden, sondern eine Ausweitung vornehmen, die auch die Sprache miteinbeziehe. Da somit der Bereich „Wort-Bild-Interferenz" festlag, galt es lediglich innerhalb dieses Bereiches den Gegenstand näher zu bestimmen. Aus einem Kata-

Gegenstands-
bestimmung

Wort-Bild-
Interferenz

log möglicher Gegenstände wie z.B. Illustrierte, Plakate, Kataloge, Prospekte, visuelle Poesie, Lesefibeln, Bilderbücher, bebilderte Lehrbücher, Tests, Etiketten, Buchumschläge, Grabsteine, Briefmarken, Münzen, Vereinsfahnen, Comics, Bildwitze, Glückwunschkarten, Spielkarten, Souvenirs etc.. wählte man das Gebiet Illustrierte aus. Man einigte sich auf einen Bildbericht in einer Illustrierten, wobei die Frage der Thematik des Berichtes noch offen blieb. An dieser Stelle wird deutlich, wie man sich vorwiegend nach formalen Gesichtspunkten entschied: Man wählt einen Gegenstand aus, um daran Erfahrungen zu sammeln, Analysen vorzunehmen und zwar unter rein phänomenologischer Betrachtung des Gegenstandes ohne ihn mit Zielvorstellungen zu verbinden. (Diese Haltung kann als Relikt der nicht teleologisch, sondern zyklisch sich verstehenden musischen Bildung angesehen werden.)

In der Diskussion setzten sich die Argumente durch, die für die Darstellung der politischen Prominenz vorgebracht wurden. (Andere Themen aus Illustrierten wie Obszönes, Gewaltdarstellung, Jugendlichkeit-Alter und Stars wurden abgelehnt.) [17]

Politische Prominenz

Die Entscheidung für politische Prominenz läßt sich zweifach begründen; für diejenigen, die bewußtseinsmäßig noch auf einer Art Vorstufe zunächst selber lernen mußten, ihre eigene Rolle zu erkennen, Rollenverhalten, die Bedingungen dazu und Rollenvermittlung zu durchschauen, konnten quasi exemplarisch am Gegenüber ,,Prominenz'' Rolle und Rollenverhalten so erfahrbar gemacht werden, daß man gleichsam von außen her seine eigene Rolle begriff.

Begründung des Gegenstandes

Für andere begründete sich die Auswahl von dem Ziel her, Bewußtheit über die Situation der Rezipienten im Kommunikationsprozeß zu erlangen und zu vermitteln. Man kann sich dabei auf die Aussagen Holzers beziehen, wie er sie in ,,Politik und Massenmedien'' entwickelt. [18] Begründung: Aufgrund des Entfremdungsprozesses der Rezipienten gegenüber der gesellschaftlichen ,,Produktions- und Administrationsapparatur'' wird ein intensives Verlangen entwickelt, diese Entfremdungssituation, die auf Fremdbestimmung im Produktionsprozeß und auf der Diskrepanz zwischen Produktion und Distribution

beruht, aufzuheben. Diesem Wunsch kommen massenmediale Angebote — wenn auch nur kurzfristig — entgegen mit ihren verschiedenen „journalistischen Techniken", wie
— „Personalisierung gesellschaftlicher Tatbestände"
— „Vorspiegelung einer Traumwelt"
— „Intimisierung öffentlicher Angelegenheiten"
— „Provokation und gleichzeitige Betäubung von Angst"
Um die durch Verbindung von öffentlichen Angelegenheiten und individuellen Lebensproblemen bedingte notwendige Verschleierung und Entschärfung politischer Information transparent zu machen, erschien die Festlegung auf die Darstellung des Politikers am günstigsten,
da hierbei die obengenannten Faktoren am deutlichsten
auftreten und so am einfachsten zu durchschauen sind.
Um den Analysegegenstand einzuschränken, bezog man
sich auf eine Illustrierte (den Stern) und darin auf eine
Reportage: Titel: „Will Strauß doch Kanzler werden? "
Stern Nr. 41 vom 3. Oktober 1971, S. 26-37.

24

2.5. Herangezogene Literatur

Bis zu Beginn des Semesters erstellte die Planungsgruppe eine Literaturauswahl und Zitatenpapiere, sowie einen vorläufigen Plan für den Verlauf der Veranstaltung. Bei dieser Vorbereitung wurde deutlich, daß die Planungsgruppe zunächst nicht von didaktischen Überlegungen, sondern von ihrem Selbstverständnis bestimmte Inhalte auswählte, die ihrem eigenen Informations- und Bewußtseinsstand entsprachen und deshalb von den späterenArbeitsgruppen als aufoktroyiert erfahren wurden.

Differenzen Planungsgruppe/ Arbeitsgruppen

Die im folgenden wiedergegebene Auswahl der Literatur ist nicht identisch mit der Literaturliste, die von der Planungsgruppe zu Beginn des Semesters vorgelegt wurde. Sie gibt in ihrer Zusammensetzung Auskunft über die inhaltliche Ausprägung der Projektarbeit während des Semesters. Die Planungsgruppe berücksichtigte während des Semesters — im Gegensatz zur Vorbereitungsphase — deutlicher neben den sachlogischen auch didaktische Überlegungen: Reflexionen über Gruppenprozesse (Heterogenität der Arbeitsgruppen), Lernbarrieren, individuelle Schwierigkeiten einzelner Studenten, sowie direktes feed-back aus den Arbeitsgruppen wurden zum entscheidenden Korrektiv für die Auswahl von heranzuziehenden Texten. Die angegebenen Texte sind nicht von allen autonom vorgehenden Arbeitsgruppen vollständig und in derselben Reihenfolge berücksichtigt worden.

Eine Analyse, die sich — wie im traditionellen Kunstunterricht — mit der formalen Bestandsaufnahme begnügt und den jeweiligen gesellschaftlichen Hintergrund unterschlägt, bleibt in ihrer isolierten Systematik vielleicht schlüssig, aber notwendig auch ideologisch. Erst mit der Einbeziehung politökonomischer, historischer und kommunikationstheoretischer Faktoren, also grundsätzlich unter politisch-emanzipatorischer Perspektive, sind z.B. Farb- und Kompositionslehre, strukturale Ansätze der Sprachwissenschaft, Forschungsergebnisse der Wahrnehmungspsychologie oder die Informations- und Zeichentheorie nicht mehr bestimmende

zur Aussagen-Analyse

25

*Systeme sondern Angebote, die von den forschenden
Subjekten auf ihre Brauchbarkeit befragt werden können.*

*Das methodische Vorgehen der einzelnen Gruppen be-
stimmte sich aus dem Bewußtsein, daß die Bildung von
Arbeitshypothesen zur Aussagenanalyse (hier: Bild-Re-
portagen — Wort-Bild-Interferenz) sinnvoll nur aus
Einsicht in die Zusammenhänge von Produktion, Distribution und Konsumtion möglich ist.*

*Erste Ansätze dazu bietet die Auseinandersetzung mit
Texten aus der Massenkommunikationstheorie, speziell*

G. Maletzke, Psychologie der Massenkommunikation,
Hamburg 1953
Kazda, Müller, Wember, Medien und Gesellschaft, in:
Jugend, Film Fernsehen, Heft 2 - 3/1971.

Um zu einer kritischen Einschätzung zu kommen, sollten zur
die in der Literatur vorliegenden Medientheorien, auch die Medien-
z.B. auf positivistischem (kulturpessimistischem) Ansatz theorie
beruhenden, einbezogen werden:

Theodor W. Adorno, , Rèsumè über Kulturindustrie, in:
Ohne Leitbild, Parva Aesthetica, Frankfurt 1970
Hans Magnus Enzensberger, Einzelheiten I, Bewußtseins-
industrie, Frankfurt 1971
ders., Baukasten zu einer Theorie der Medien, in: Kursbuch 20, 1970, S. 159 ff.
Peter Brokmeier (Hrsg.), Kapitalismus und Pressefreiheit. Am Beispiel Springer, Frankfurt 1969
Jürgen Harder, Zu Enzensbergers Medientheorie, in:
Kürbiskern 3/1971, S. 449 ff.
Horst Holzer, Politik in Massenmedien, in: Kritik 4,
Manipulation der Meinungsbildung, Opladen 1971
ders., Struktur und Wandel der Gesellschaft, Reihe B
der Beiträge zur Sozialkunde, Bd. 7, Massenkommunikation und Demokratie in der BRD, Opladen 1969
ders., Massenmedien oder Monopolmedien? Thesen
zum Zusammenhang von Politik, Ökonomie und Kommunikation im staatsmonopolistischen Kapitalismus
Westdeutschlands, in: Kürbiskern 4/1970, S. 622 ff.
Krauß/Rühl, Werbung in Wirtschaft und Politik, Frankfurt 1970

Klaus Kreimeier, Materialistische Medientheorie, in:
Sozialistische Zeitschrift für Kunst und Gesellschaft,
Heft 7/1971, S. 61 ff.
Christian Deutschmann, Herrschaft und Gewalt, Bedeutung und Funktion der Massenkultur und Massenkommunikation im spätkapitalistischen System, in: Funktionen bildender Kunst in unserer Gesellschaft, Steinbach 1971, S. 126 ff.)
Ingrid Langer-El Sayed, Frau und Illustrierte im Kapitalismus, Köln 1971

Unter Heranziehung von Texten, die die Methoden des   Strukturalismus,
Strukturalismus, des New Criticisme und der Semiologie   Semiologie
beschreiben bzw. in ihrer Anwendung zeigen, ist jetzt
eine erweiterte Aussagenanalyse durchführbar.

R. Barthes, Mythen des Alltags, Frankfurt 1970
ders., in: G. Schiwy, Der französische Strukturalismus,
Reinbek 1969 (siehe besonders: Rhetorik des Bildes,
S. 158 ff.)
U. Eco, Die Gliederung des filmischen Codes, in: Semio-
tik des Films. Hrsg. Friedrich Knilli, München 1971,
S. 70 ff.
Chr. Metz, Probleme der Denotation im Spielfilm, in:
Sprache im technischen Zeitalter, Heft 27, 1968, S.
205 ff.
Zur Zeichentheorie:
Philosophisches Wörterbuch. Hrsg. G. Klaus u. M. Buhr,
Berlin 1970
A. Moles, Informationstheorie, Köln 1971
Texte, die Beispiele zur Analyse vorgeben:
D. Baake, Der traurige Schein des Glücks, in: Visuelle
Kommunikation. Hrsg. Hermann K. Ehmer, Köln 1971,
S. 213 ff.
Chr. Bürger, Deutschunterricht – Ideologie oder Auf-
klärung? Stuttgart 1971
H.K. Ehmer, Zur Metasprache der Werbung. Analyse
einer Doornkaat-Reklame, in: Visuelle Kommunikation,
a.a.O., S. 162 ff.
H. Giffhorn, Ästhetische Phänomene und politisches
Verhalten – Analyse von optischen Informationsträgern
und Vorurteilen, in: Politische Erziehung im ästhetischen
Bereich. Hrsg. Giffhorn, Hannover 1971, S. 75 ff.

F. Hebel, Zur Didaktik des Sprachunterrichts im Deutschunterricht der Sekundarstufe I, in: Diskussion Deutsch,
Heft 3, 1971, S. 66 ff.
J. Hoffmann, My Lai oder die Männerfreiheit, in: Kunst
und Unterricht, Sonderheft 1971, S. 128 ff.
H. R. Möller, Gegen den Kunstunterricht, Ravensburg
1971, siehe besonders Manipulation

*Eine Kritik der verschiedenen vorliegenden medientheo-
retischen Ansätze kann letztlich nur dann geleistet werden, wenn man die Illustrierte als ein den Gesetzen einer warenproduzierenden Gesellschaft unterliegendes
Massenmedium begreift. An dieser Stelle wäre es notwendig, die determinierende Funktion der Ware für die
kapitalistische Gesellschaft zu analysieren. Auf dieser
Basis kann der Prozeß der Verdinglichung des Bewußtseins,
wie er sich dann auch in der Informationsaufbereitung in
Illustrierten niederschlägt, erkannt werden.*

MEW 13, Berlin; MEW 3, Berlin
Autorenkollektiv Marx Arbeitsgruppe Historiker, Schu-
lungstext zur Kritik der Politökonomie, Berlin (West)
1970, 3. Aufl.

Die aufgeführte Literatur ist zu ergänzen durch inzwischen
vorliegende Neuerscheinungen, u.a. zur Medientheorie:
Wolfgang Fritz Haug, Kritik der Warenästhetik, Ffm. 1972
Dieter Prokop (Hrsg.): Massenkommunikationsforschung I:
Produktion, Ffm. 1972, und: Massenkommunikationsfor-
schung II: Konsumtion, Ffm. 1973.
(Vgl. Teil 2 dieses Buches, der Auszüge aus den beiden
erstgenannten Publikationen enthält).

3. ARBEIT AM PROJEKT „ILLUSTRIERTE" IN DEN ARBEITSGRUPPEN WÄHREND DES SEMESTERS

3.1. Konflikte, Einstellungen, Lernprozesse, Arbeitsweisen

Das Semester begann mit einer Plenumsveranstaltung an der 60 Studenten (neben der Planungsgruppe) teilnahmen. In dieser ersten Sitzung informierten die Teamer über das Vorhaben. Anschließend bildeten sich 5 Gruppen zu je 12 Teilnehmern mit jeweils 1 bis 2 studentischen Projektlern. Die beiden Dozenten übernahmen Koordinationsfunktionen.

Studentische Teamer

Die Gruppen arbeiteten zu Beginn zwar arbeitsgleich, aber in jedem Fall autonom. Plenumsveranstaltungen waren geplant, stießen aber in den Diskussionen der Arbeitsgruppen auf Ablehnung, um den jeweils eigenen Gruppenprozeß nicht zu unterbrechen. Eine Koordination fand in den wöchentlich einberufenen Sitzungen der Planungsgruppe statt. Hier tauschten die Teamer Informationen über die verschiedenen Gruppenprozesse aus und diskutierten Schwierigkeiten. Daneben wurde weiterführende Literatur erarbeitet. [19]

arbeitsgleiche Gruppen

Koordination

Um die konkrete Arbeitsweise aufzeigen zu können, beziehen wir uns auf Gruppensitzungen vom 4. und 11. Nov. 1971, die als exemplarisch für alle Sitzungen stehen sollen.
Nach Verlesen und anschließender Diskussion des Protokolls der Sitzung vom 28.10. (Gegenstand Massenkommunikation) wurde ein vorbereitetes Zitatenpapier „Medien und Gesellschaft" vorgelegt. [20]
Die Planungsgruppe hatte empfohlen, das Papier an dieser Stelle zu erarbeiten als Beitrag zur Gesellschaftsanalyse.
(Grundsätzlich ergab sich die Auswahl der jeweiligen Arbeitspapiere aus der Diskussion der vorangegangenen Sitzung. Gegen Ende jeder Sitzung wurde gemeinsam ein Protokoll erstellt, das u.a. Angaben über das weitere Vorgehen der Gruppe enthielt. Im Verlauf des Semesters wurden die von der Planungsgruppe vorbereiteten Papiere z.T. von den einzelnen Gruppen verworfen und eigene erstellt.)

Papers

Das Papier wurde Satz für Satz vorgelesen, wobei sofort unterbrochen wurde, wenn jemand etwas nicht verstanden hatte, wenn Vergleiche, Beispiele etc. einfielen .... Da jedoch die Scheu, sich zu artikulieren, noch nicht von allen überwunden war (bedingt durch eintrainiertes Verhalten während der Schul- und Studienzeit; Angst vor Leistungskontrollen, Blamage etc.), traten Konflikte auf, zwischen denen, die die Diskussion vorantrieben und jenen, die scheinbar unbeteiligt waren. Zu personell festgemachten Konflikten kamen Schwierigkeiten auf inhaltlicher Ebene. Gerade bei der Erarbeitung des Kazda, Möller, Wember-Modells sowie Texten von Marx und Engels zeigten sich erste Widerstände gegen die zu erarbeitenden Inhalte: bei vielen Teilnehmern war eine Lernbarriere zu beobachten, sobald sich in der Diskussion die marxistische Terminologie als unumgänglich erwies. Ein auf Erziehung und Erfahrung (verstärkt durch die Massenmedien) basierendes Verständnis von Begriffen wie „Produktionsverhältnisse", „Produktivkräften", „Gebrauchs- und Tauschwert" etc. ließ gleichsam eine Schranke zuklappen und provozierte klischeehafte, pauschale Vergleiche mit DDR, UdSSR, Totalitarismus etc.

Das positivistische Verständnis einer „wertfreien", „objektiven" Wissenschaftlichkeit, vermischt mit der Vorstellung, Kritik am kapitalistischen System sei nur mit der Bejahung „kommunistischer Staaten wie der DDR" gleichzusetzen, war bei vielen vorherrschend. (Dabei wurde deutlich, daß für viele „Kapitalismus" mit „Meinungsfreiheit" gleichzusetzen ist, die ja doch augenscheinlich gegeben war ...)

Die Aversion gegen die Terminologie zeigte sich sowohl in hilflosem Schweigen und in unausgesprochenen Vorurteilen, die aber spürbar waren, als auch in glühenden Bekenntnissen zum Kapitalismus als dem bestmöglichen System.

Dieser Konflikt wurde weiterhin verstärkt, da manche Teilnehmer befürchteten, daß sich mit der oft zu abstrakten Diskussion die Arbeit an Texten der Medientheorie verselbständigen und die konkrete Arbeit an der Illustrierten selbst vernachlässigt würde.

Die emotionalen Sperren der Teilnehmer gegen

Methodisches Vorgehen

Lernbarrieren gegenüber marxistischer Terminologie

materialistische Analyse der Gesellschaftsordnung der
BRD und den daraus resultierenden Erkenntnissen über
die Funktion der Massenkommunikation bedingten
auch die anfänglich schleppende Beteiligung der Gruppenmitglieder an der Diskussion. [21]

Erst Fragen, wie:

„Was habe ich als Student damit zu tun? " und „welche
Möglichkeiten hat überhaupt der Lehrerberuf, bewußt-
seinsverändernd zu wirken? "
führten dann zur Bereitschaft, die Arbeit gemeinsam
fortzusetzen.

Dazu ein Protokollauszug vom 4.11.1971:

„Aufgrund mangelnder Beteiligung einiger Gruppen such-
ten wir nach Ursachen und Lösungen dieses Problems.
Als mögliche Gründe wurden genannt: mangelnde Motivation, mangelnde Kenntnis der Fachausdrücke, fehlen-
des Verständnis und Interesse, und — was wohl der wichtigste Grund zu sein scheint — das Fehlen einer Reflexion
gruppendynamischer Prozesse."

*Gruppen-
dynamische
Schwierig-
keiten*

Protokollauszug der folgenden Sitzung vom 11.11.1971:

„Es wurden folgende Vorschläge diskutiert:

1.   Es soll ein Gespräch über die Schwierigkeiten der
einzelnen Mitglieder innerhalb der Gruppe geführt werden, daß sich die Gruppenmitglieder sozial integrativ
verhalten. Damit soll die Bedingung dafür geschaffen
werden, daß jeder offen sein Unbehagen äußern kann.
(Das Unbehagen, wenn einer übergangen wird, etwas
noch nicht verstanden hat usw.)

2.   Es soll eine allgemeine Diskussion geführt werden
über Bedingungen, die gegeben sein müssen, um die
Mitarbeit aller in der Gruppe zu gewährleisten. Während
des Gesprächs wird das Verhalten der Sprechenden von
zwei Teilnehmern protokolliert, um es diskutieren zu
können.

Wir akzeptierten den zweiten Vorschlag.

Ergebnisse der Diskussion:

a)   Es sollte weiterhin einen Diskussionsleiter geben,
da die Gruppe noch nicht lange genug bestehe, um ohne
ihn kommunizieren zu können. [22] Man meinte aber, er
vermindere Verantwortungsgefühle der Einzelnen für
den Fortgang der Arbeit.

b)   „Gute Vorsätze": Toleranz den anderen gegenüber,
kein Bloßstellen vor der Gruppe, Pausen zum besseren

Text-Verständnis, Fähigkeit zu schweigen und Berücksichtigung der physischen und psychischen Bedingungen der Individuen ...
Alle, die bisher geschwiegen hatten, verstanden es jetzt, zu erklären, weshalb sie sich nicht beteiligten:
— weil die Texte zu schwierig waren
— weil man den Gesprächen oft nicht folgen konnte.
Mit der Thematik waren alle grundsätzlich einverstanden. Wir erfuhren hier, wer wem in der Gruppe unsympathisch ist. Gründe dafür waren: konträre Positionen (z.B. marxistische Orientierung) der anderen, besonders aber ihr Verhalten während der Diskussionen, das als arrogant, intolerant, dogmatisch und autoritär beschrieben wurde, wobei auch störte, daß sie ihr eigenes (aktives) Verhalten als Postulat für alle aufbauten.

konträre
Positionen

Es wurde angeregt, sich einmal privat zu treffen, um nur angetippten Problemen in anderer Atmosphäre nachgehen zu können."
Diese in allen Gruppen auftauchenden Konflikte und Probleme wurden für so wichtig erachtet, daß man beschloß, subjektive Einschätzungen der jeweiligen Gruppenmitglieder schriftlich zu fixieren, wobei in der Mehrzahl Aggressionen, Frustrationen etc. geäußert wurden.

Konflikte

Das Ziel, Ängste und Aggressionen zu erkennen und gemeinsam zu versuchen, sie abzubauen, konnte im Rahmen der Projektarbeit nur teilweise geleistet werden. Einerseits verlangen die besonderen Schwierigkeiten, die mit der Arbeit in der Gruppe auftreten, eine Einbeziehung der Reflexion solcher gruppendynamischer Prozesse; andererseits stellt ein therapeutischer Ansatz im Sinne psychoanalytischer Trainings-Gruppen eine Überforderung dar.
Im Rahmen dieser Diskussion äußerte sich Ulli:
„Gehört unsere gruppendynamische Diskussion nicht in die Psychologie? Sind wir etwa Psychotherapeuten? Wir machen hier doch Medienkritik!"
Seine Einschätzung wurde von allen anderen heftig zurückgewiesen. Man war sich des „Dilletantismus" der Diskussion bewußt, bestand aber auf eine Fortführung, da sie als notwendig erkannt worden war.
Trotz anfänglicher Frustration verließ kein Teilnehmer das Projekt.

Es stellt sich generell die Frage, welche Funktion eine Diskussion gruppendynamischer Prozesse für die Projektarbeit hat. Die Gefahr, daß sich die Reflexionen über Konflikte verselbständigen könnten, ist gegeben. Die Projektgruppe könnte zu einer psychoanalytischen Amateur-Trainingsgruppe werden, die Gruppenprobleme unter Ausschluß des Bezuges zur gesellschaftlichen Realität unter therapeutischem Aspekt diskutiert, was nur entpolitisierende Wirkung haben kann. Der „subjektive Faktor" gerinnt „zum Faktum ... oder (bleibt – d.V.) unproblematisch." 23)

zur Einschätzung gruppendynamischer Prozesse

Die Alternative einer rigiden Wissensakkumulation, wobei persönliche Probleme und Konflikte der „Sachebene" subsumiert werden, stellt keine Lösung dar, sondern fällt auf die Ebene von Vorlesung und Seminar zurück.

Es hat sich gezeigt, daß Bewußtseinsbildung, daß selbstbestimmtes „forschendes Lernen" ohne Bezug und ohne Eingehen auf individuelle Interessen und Probleme scheitert.

subjektive Interessen

Es kommt darauf an, diese Probleme als eben nicht „subjektiv", sondern als gesellschaftlich bedingt zu erkennen. Reflexionen der gruppendynamischen Prozesse müssen permanent der „Sach-Arbeit" integriert sein – und zwar nicht additiv und intervallmäßig, sondern spontan bestimmt.

Das Ziel ist, subjektiv erfahrene Konflikte in der Gruppe während der Arbeit gemeinsam zu erkennen, auszusprechen und zu hinterfragen, um damit „Barrieren, die die Erreichung eines Zieles im Interaktionsbereich erschweren, abzubauen." 24)

Gerade weil der „subjektive Faktor" nur scheinbar subjektiv ist, muß er in eine „aktive Politisierung" (Horn) einbezogen werden.

„Der politische Stellenwert von Gruppendynamik bemißt sich dann daran, ob sie in der Lage ist, die Bedingungen der Möglichkeit von Kritik- und Urteilsfähigkeit sowie solidarischem Handeln implizit und explizit einsichtig und handlungsrelevant zu machen." 25)

Politischer Stellenwert

Auch ohne die „gruppendynamischen Versuche" überzubewerten, können doch auf kommunikativer wie auf „sachbezogener" Ebene Erfolge konstatiert werden.
Die Diskussion führte über Sinn und Zweck der Funktion

des Kunstunterrichts hinaus, und es entwickelte sich Interesse auch für Arbeit außerhalb des Seminars. Die prekäre hochschulpolitische Situation (die durch HRG und HUG bestimmten Strukturveränderungen der Universität) unterstützte die Bereitschaft zur Diskussion, führte zur Einschätzung von Gremienarbeit (Möglichkeiten und Grenzen) und zur aktiven Teilnahme an Fachschaftsarbeit, an weiteren Projektgruppen ...

engagierte
Arbeit
auch außer-
halb des
Projekts

In diesem Zusammenhang wurde auch diskutiert, was mit ästhetischer Praxis (im Sinne „emanzipatorischen Mediengebrauchs") konkret in Angriff genommen werden kann. Dazu plante und realisierte man Aktionen, Diaschau, Tonbandcollagen, Plakate, Schautafeln ...
Die Versuche, Lernbarrieren, Konflikte etc. in ihren Ursachen zu erkennen und anzugehen, führten auch zu der Bereitschaft, politökonomische Grundsatzfragen neu — und nun relativ vorbehaltlos — zu diskutieren.
Es war ursprünglich nicht geplant, die Politökonomie in dieser Ausführlichkeit einzubeziehen; die Notwendigkeit der Erarbeitung wurde von den Gruppen ausgesprochen. Daraufhin konzipierte man ein zusätzliches „Wochenendseminar", indem bewußt auf (be-)lehrende Fachleute (Dozenten) verzichtet wurde. Aufgrund der zu Beginn des Semesters zu beobachtenden Abneigung gegen marxistische Terminologie und die scheinbare Beziehungslosigkeit der Politökonomie zum Fach „Kunsterziehung" rechnete man mit wenigen Teilnehmern; aber das war unbegründet (30 Teilnehmer!). Frustrationen und Abneigung gegen die Materie traten nicht auf, im Gegenteil, es bildeten sich anschließend zwei Arbeitsgruppen, die im fortlaufenden Semester in regelmäßigen Sitzungen den begonnen Text weitererarbeiteten. Teilnehmer des „Wochenendseminars" arbeiteten später an der Planung weiterer Projekte für folgende Semester als „Teamer" mit.

Wochenend-
Seminar
Polit-
ökonomie

3.2. Arbeitsergebnisse

Es versteht sich, daß die beschriebenen Konflikte und damit verbunden die Änderung von Einstellungen und Verhaltensweisen Teilziele der Projektarbeit sind und deshalb auch als Arbeitsergebnisse betrachtet werden müssen. Die folgende Darstellung skizziert die über die Aneignung von Texten hinausgehenden Ergebnisse:

– Erstellung eines Kommunikationsmodells
– Kritik von Texten zur Aussagenanalyse und Entwicklung eines neuen Instrumentariums
– Einsatz ästhetischer Praxis
  a) als Mittel der Auseinandersetzung mit Aussagen der Illustrierten
  b) zur Darstellung der eigenen Situation.

Diese Arbeitsergebnisse sind notwendig vorläufig, weil sie in Gruppen entstanden, für die Projektarbeit wie Inhalte subjektiv neu waren.

3.2.1. Massenkommunikationsmodell

Das von Maletzke (vgl. Auszüge im 2. Teil dieses Buches unter „Massenkommunikation") entwickelte Modell der Massenkommunikation mit den Faktoren K (Kommunikator), A (Aussage), M (Medium) und R (Rezipient) muß, da es nur auf die psychologischen, nicht aber auf die polit-ökonomischen Bedingungen der Massenkommunikation eingeht, als formalistisch und damit als revisionsbedürftig charakterisiert werden. Zweiter Ansatzpunkt für die Revision dieses Modells ist die Spezifizierung auf das Medium „Illustrierte", die mit Informationen aus der allgemeinen und speziellen Medientheorie geleistet werden kann.

erweitertes Massenkommunikationsmodell

Als vergleichsweise unwichtig zur Charakterisierung der Faktoren des Massenkommunikationsfeldes erweisen sich einige der von Maletzke genannten Aspekte, wie z.B. Arbeit der Kommunikatoren im Team, Persönlichkeit von Rezipient und Kommunikator, Zwang der Öffentlichkeit, Zwang der Aussage.
Versteht man die Gewinnmaximierung als bestimmendes Prinzip der kapitalistischen Gesellschaft und das Pressewesen als Teil der „Bewußtseinsindustrie", müssen

folgende Bedingungen von Kommunikator und Rezipient
und folgende Merkmale des Mediums und der Aussage der
Illustrierten für wichtiger erachtet werden (wobei die genannten Aspekte nicht isoliert sondern in ihrer gegensei-
tigen Abhängigkeit zu sehen sind):

Kommunikator:

— Kommunikatorenkette (z.B. Verleger, Ressortchef, Chef-
  redakteur, Redakteur, Reporter etc.; Abhängigkeit/
  Hierarchie)
— Pressekonzentration, Meinungsmonopol, Konkurrenz,
  Scheinkonkurrenz (Oligopole)
— Pressefreiheit
— Presserecht
— Orientierung am Publikumsgeschmack und gleichzeitige
  Prägung des Publikumsgeschmacks
— Insertionsgeschäft (Werbeabhängigkeit)
— Intention des Kommunikators: Interesse am Erhalt des
  Status quo (Privateigentum an Produktionsmitteln)
— Stabilisierung und Prägung gesellschaftlicher Normen
  und Werte

Rezipient:

— *Prädispositionen*
  sozio-kulturelle, physio-psychische, situationsspezifische
  Bedingungen (Alter, Geschlecht, Beruf, Wohnort und
  -bedingungen, soziale Schicht)
  und die davon geprägten Wahrnehmungs- und Selektions-
  vorgänge, Wertungen (z.B. in Bezug auf das Bild von der
  Gesellschaft, das Bild vom Kommunikator)

— *Freizeit-/Konsumverhalten*
  (kapitalistische Produktions- und die davon bestimmten
  Reproduktionsverhältnisse)
  Bedürfnisse, Interessen, Erwartungen

— *Rezeption* von Aussagen der Massenkommunikation
  ● Rezipient ist Teil eines sozio-kulturell heterogenen
  (dispersen) Publikums
  ● räumliche und zeitliche Distanz, keine direkte und
  keine gleichwertige Rückkoppelung
  ● passiv: Leser, Betrachter

– mögliche Wirkungen
Stabilisierung, evtl. Ausprägung gesellschaftlicher
Normen und Werte, Verstärkung der schon in der
Sozialisation (s.o.: Prädispositionen) strukturierten
Verhaltensweisen
(Sozialisationseffekt der Medien)
Aufrechterhaltung der Konsumentenrolle
Legitimation der Verwertung der Arbeitskraft

Aussage:

1. Bild- und Textinhalte
(vgl. statistische Übersicht auf Seite 74)

2. Präsentation/ästhetische Struktur
2.1. allgemein, z.B.:
  – Länge in Seiten
  – Aufteilung in Doppel-/Einzelseiten
  – Stellenwert im formalen Kontext des ganzen
    Heftes, besonders Vor- und Folgeseiten
  – Werbung: vor-/nachgestellt oder eingeschoben

2.2. zum Lay-out
  – Bilddominanz – Textdominanz
  – Bilder mit Rand, ohne Rand, angeschnitten, Figu-
    ren freigestellt etc.
  – Bildformate, -größen und -anzahl
  – Plazierung der Bildtexte:
    Schrift im Bild (eingeblendet, positiv/negativ)
    Schrift außerhalb des Bildes (unten, oben, seitlich)
  – Headlines
  – Satzspiegel; Textspalten (Anzahl, Breite)
  – Schrifttypen: Art, Größe, Stärke. Satz: Blocksatz,
    Flattersatz.

2.3. spezifische Angaben zum Bild, z.B.:
  – Einstellungsgrößen (Detailaufnahme, Großaufnahme,
    Nahaufnahme, Amerikanische, Halbnahaufnahme,
    Halbtotale, Totale, Weiteinstellung) [26]
  – Farbe
  – Bildaufbau
  – „gestellte" Bilder – „dokumentarische" Bilder

2.4. spezifische Angaben zum Bildtext, z.B.:
  – Bildtext, tautologisch/ deskriptiv / interpretierend

Die Auswahl der Inhalte (vgl. Intention des Kommunikators und Rezipientenverhalten) bestimmen sich u.a.
durch:

– Werbeabhängigkeit (Insertionsgeschäft)
– Zielgruppenorientierung („Publikumsgeschmack")
– die Intention, die Bedürfnisse der Rezipienten als
  Konsumbedürfnisse zu steuern
– Ablenkung von der gesellschaftlichen Realität
– teilweise oder scheinbare Aufhebung der Entfremdung

Medium:

– Einseitigkeit des Mediums (keine Rückkopplung)
– Verbreitung und Auflagenhöhe, Distributionsform
– Perfektion des Druckes und des Layout

(Ausführliche Angaben zu diesen Stichworten finden sich im
zweiten Teil dieses Buches.)

3.2.2. Instrumentarium der Analyse

Jedes Instrumentarium für eine Analyse von einzelnen
Aussagen führt zu immanenten und notwendig auch
ideologischen Ergebnissen, wenn nicht das Wissen um
die Zusammenhänge des Massenkommunikationsfeldes
und Erkenntnisse der Medienkritik einbezogen werden
(vgl. auch die Hinweise zur herangezogenen Literatur
unter 2.5.).

Die Anwendung des Instrumentariums sollte deshalb   Hypothesen
einer – von der kritischen Einschätzung der Aussagen
vorgeprägten – Zielsetzung in Form von Hypothesen
unterstellt werden.

Die Hypothesen gilt es mit mithilfe des Instrumentariums
zu verifizieren oder zu falsifizieren. Dabei muß in der
Regel nicht die Komplexität der gesamten Aussage erfaßt, es können auch Teilaspekte analysiert werden.

Ein auf strukturalem Ansatz beruhendes Instrumentarium
ermöglich dabei das dezidierte Erfassen der Zeichen und
ihrer Bedeutungen.

1. *Formale Kennzeichnung einer Analyseeinheit, z.B.*
   Erscheinungsort, Zeit, Anzahl der Seiten (Einzel-
   seiten/Doppelseiten), Texteinheiten, Bildeinheiten

2. *Angaben zum Medium, z.B.*
   Material und technische Verfahren der Informations-
   übertragung (Übertragungscode - vgl. dazu die Texte
   von Umberto Eco im zweiten Teil; Organisation,
   Distribution)

3. *Angaben zur Denotation der Zeichen*
   (vgl. auch Teil 2, Chr. Metz, Seite 129), z.B.
   Kennzeichnung der wahrnehmbaren Elemente wie
   Bildzeichen und Schriftzeichen (ikonische und lin-
   guistische Nachricht) sowie ihrer Wahrnehmungsverhältnisse (z.B. Farbe, Dominanzen, Lage, Richtungen; spezifische Ausprägungen (z.B. bei der
   Schrift)

4. *Angaben zur Konnotation der Zeichen auf der
   ersten Konnotationsebene (vgl. Metz, S. 129)*
   Bezeichnung aller Gegebenheiten, die man direkt
   mitsieht, weil sie allgemein gewußt aber nicht
   konkret aufgeführt sind: ,,die dem bezeichneten
   Gegenstand inhärenten Eigenschaften''

5. *Angaben zur Konnotation der Zeichen auf der
   zweiten Konnotationsebene (vgl. Metz S.129)*
   Erfassen aller Angaben, die über das direkt Mitgemeinte hinausgehen, d.h. ,,Herauslösen des in das
   Bild investierten Wissens'' (nationales, kulturelles,
   ästhetisches Wissen: d.h. auch Erfassen der symbolischen Bedeutungen.❭

Zu den Analyseergebnissen:

Das Erfassen der Denotation der Zeichen ist weitgehend
objektiv – die Angaben zur Konnotation der Zeichen
sind dagegen deutlich von den individuellen Erfahrungen
der Analysierenden geprägt – also subjektiv, auch wenn
der Analysierende die schichtspezifischen Bedingungen
der Rezeption bei der Analyse miteinbezieht (d.h. über
seine eigenen Erfahrungen hinaus die Erfahrungen
anderer Rezipienten antizipiert).

Objektiviert werden die Ergebnisse allerdings weitgehend,
wenn z.B. mehrere Analysierende zu entsprechenden Ergebnissen kommen. Das beweist u.a. auch, daß der
Kommunikator beim Codieren der Zeichen auf Erfahrungen seiner Zielgruppen zurückgreift, um Informationen
weitgehend unmißverständlich zu machen.

*Am steilen Hang bei
Werfen im Salzburgischen steigt
Strauß zum Anstand auf.
Jagdkameraden müssen den
CSU-Boß vor dem Sturz vom
Gamskar bewahren*

40   Die nachstehend analysierte Doppelseite aus dem STERN (Nr. 41/71)

Sonntagsjäger Franz Josef Strauß hat vom sicheren Anstand aus schon manchen kapitalen Bock geschossen

Mit angelegter Flinte lauert Strauß auf seine Beute. Wie bei der Jagd kann sich auch in der Politik langes Warten auszahlen. Doch eins ist anders bei der Jagd: Hier schießt Strauß immer mit links

3.2.3. Analyse-Beispiel : Strauß-Foto

Der Gegenstand dieser Analyse, eine Fotografie des CSU-
Politikers Franz Josef Strauß als „Sonntagsjäger", gehört
zu einem Bildbericht „Will Strauß doch Kanzler werden? "
der Illustrierten STERN, Nr. 41 vom Oktober 1971, S. 26 ff.
In hauptsächlich großformatigen Fotos wird Strauß in verschiedenen Situationen dargestellt: in der Sauna, im
Schwimmbad, bei der Jagd. Die Bilder sind durch kurze
Bildunterschriften erläutert. Nach dem neunseitigen Bild-
teil folgt ein Textteil auf den Seiten 35,36 und 37, der
nur durch zwei weitere Fotos der CDU-Politiker Barzel
und Kohl unterbrochen wird.
Die Analyse bezieht sich auf die Doppelseite 30/31.
Zwei untereinander angeordnete Fotos auf der linken Formale
Hälfte der Seite 30 zeigen Strauß mit „Jagdkameraden" Kenn-
unterwegs im „Salzburgischen", wie der zugehörige Text zeichnung
erläutert. Dominanz auf der Doppelseite hat das Foto, das
Franz Josef Strauß mit der Jagflinte im Anschlag den
Lesern vorstellt.

Die Abbildung ist ein Schwarz-Weiß-Foto, dessen feine
Rasterung eine differenzierte Graustufung erkennen läßt.
Sie ist ein Breitformat mit den Maßen 35 x 28,5 cm. Unterhalb des Bildes, auf Seite 31, findet sich der zum Bild ge-
hörende Text. Links daneben drei Zeilen in fetter Grotesk.

Das Bild zeigt einen Mann in hockender (sitzender?) Stellung, eine Jagflinte im Anschlag. Mantel (rechts) und Denotation
rechtes Bein (unten) werden vom Bildrand angeschnitten.
Die Flinte mit aufgesetztem Zielfernrohr ist nach links gerichtet, der Lauf, parallel zum Bildrand, teilt das Bild in
der Waagrechten etwa bei Dreiviertel der Bildhöhe. Der
linke Zeigefinger des Mannes befindet sich im Abzugsbü-
gel, die rechte Hand stützt die Waffe.
Die Person trägt einen (Jäger-)Hut, einen weiten geöffne-
ten Mantel. Um den Hals hängt an einem Trageriemen
ein Fernglas. Der rechte Fuß ist im Bild sichtbar und
zeigt, daß der Mann feste Bergschuhe trägt. Der Kopf

ist im Halbprofil dargestellt, leicht nach links in Schußrichtung gewendet. Der Mund steht offen und zeigt ein
leichtes Lächeln. Die Augen blicken den Betrachter an.

Aus der linken unteren Ecke des Bildes führt aus der
Unschärfe (fotografischer Code, der Perspektive vermittelt) ein Balken schräg nach oben ins Bild bis zum
rechten Ellenbogen des Mannes. Ein zweiter Balken   Denotation
läuft unterhalb parallel. Beide sind als Fichtenstämme
identifizierbar. Zusammen mit einem senkrecht aufra-
genden Pfahl (Eckpfahl) im Bild zwischen Zielfernrohr
und Kopf (vom oberen Bildrand angeschnitten) und
einer bildparallel hinter dem Mann, teilweise überschnit-
ten von Kopf und Schulter, verlaufenden Stange bilden
sie ein räumlich wirkendes Karree, das dem Mann als
Anstand dient. Vor diesem Anstand sieht man Fichten-
zweige. Der Hintergrund ist nur unter Einbeziehung
des Kontextes (die beiden linken kleinformatigen Fotos)
als Gebirgswand identifizierbar.

Unter dem Bild drei Zeilen in großen Typen:

„Sonntagsjäger Franz Josef Strauß
hat vom sicheren Anstand aus schon manchen
kapitalen Bock geschossen"

rechts daneben ein siebenzeiliger, linksbündiger Textblock (3 x 6 cm), kursiv:
Mit angelegter Flinte lauert
Strauß auf seine Beute. Wie bei
der Jagd kann sich auch in
der Politik langes Warten aus-
zahlen. Doch eins ist anders
bei der Jagd: Hier schießt Strauß
immer mit links

Durch die Situation: im Anstand hockend mit einer   Erste
Jagdwaffe im Anschlag in der „freien" Natur   Konnotations-
sowie durch die Attribute: Jagdwaffe, Fernglas, Jagdhut, ebene
langer Mantel ist die abgebildete Person als Jäger gekennzeichnet. Der Text charakterisiert noch genauer: es
handelt sich um einen „Sonntagsjäger", d.h. um einen
Amateur.

Der Jäger ist dem informierten Rezipienten durch die Physiognomie als der CSU-Politiker Franz Josef Strauß bekannt. Durch die Bildunterschrift wird diese Information wiederholt, bzw. dem nichtinformierten Rezipienten verfügbar gemacht. Der Text verdeutlicht noch einmal die Bildinformation: F J S gibt sich hier in der Pose des Sonntagsjägers. Die Information „vom sicheren Anstand aus" erklärt verbal noch einmal die im Bild gezeigten Pfahlverstrebungen. Die Situation ‚Jagd‘ wird ebenfalls verdeutlicht: „schon manchen Bock geschossen". Mit dieser Aussage („schon manchen") wird gleichzeitig vermittelt, daß es sich in dieser Situation um keinen Ausnahmefall handelt. FJS befindet sich öfters in dieser Weise auf der Jagd. Der rechte Textblock wiederholt die Bildinformation. Strauß lauert mit angelegter Flinte auf die Beute. Hier zeigt sich eine Differenz zur Bildinformation: im Bild blickt der „Sonntagsjäger Strauß" zum Betrachter. (Assoziationsmöglichkeit: ist d e r seine Beute?).

Der Text zieht den Vergleich zwischen der Jagd und der Politik („wie..."). Identisches Element ist das „lange Warten". Wie weit sich das auszahlt, mag der Leser herausfinden (Assoziationsverbindung mit der Überschrift des Berichts: „Will Strauß doch Kanzler werden? ").
Andere Vergleichsmöglichkeiten zwischen Jagd und Politik werden nicht direkt angesprochen, dem Leser allerdings nahegelegt; nur ein Aspekt ist anders bei der Jagd: Strauß schießt im Bild mit links. Assoziationskette, die der Rezipient aufbauen kann: auch in der Politik schießt Strauß, aber mit (bzw. von) rechts.

Die Bildinformation „Strauß auf der Jagd" provoziert eine Denkverbindung zum „Weidmannsmythos". Strauß wird dem Leser im Intimbereich (Privatisierung, Freizeit?) gezeigt, gekoppelt mit Attributen, die man mit dem ‚edlen Sport des Waidwerks‘ verbindet: *naturverbunden, echt, sportlich, aufrichtig, urwüchsig.* Strauß ist nicht nur Politiker *auf hoher Bühne*, sondern *lebensnah, menschlich.* Identifikationsmöglichkeiten sind nicht ausgeschlossen.

Zweite Konnotationsebene

Durch die „Offenheit des Bildes" – angeschnittener Mantel,
zum Betrachter hin geöffneter Anstand usw. wird die „Nähe"
zum Betrachter verstärkt.
Die Verbindung ‚Politiker und Jagd' läßt auch an Bilder
denken, in denen das herrschaftliche Privileg der Jagd sich
ausdrückt (Fürstenjagd; heute noch präsent in der „Diplo-
matenjagd").
Damit wird die Schlußfolgerung nahegelegt: die Jagd ist
Sport der herrschenden Klasse; Strauß eine ihrer „Führer-
persönlichkeiten". (Verdeutlicht noch einmal im Kontext:
ein Foto auf Seite 35 zeigt ihn mit erlegter Gemse und
napoleonischer Geste. Text: „Ich bin der Größte!"; im
Textteil auf Seite 37 wird Strauß geschildert „wie ein
mittelalterlicher Fürst").
Es ist leicht erkennbar, daß die Pose gestellt ist: Strauß
blickt nicht in Schußrichtung sondern in die Kamera, d.h.
direkt zum Leser, der so miteinbezogen wird. Die Distanz
(auch durch das leichte Lächeln) ist verkürzt. Strauß po-
siert als sympathisch nahe – und doch als Person mit
Führungsanspruch.

In der Verbindung mit dem Text wird die Identifikations-   Wort-Bild-
möglichkeit (Positiv-Werbung für Strauß) wieder zurückge-   Interferenz
nommen: durch seine Ironie schafft der Text wieder Distanz. Die Aussage wird teilweise satirisch; angelegt ist das
auch im Kontext der Bildinformationen des Berichts:
Strauß wird vor allem in Sauna und Schwimmbad in
Situationen gezeigt, die ihn an den Rand der Lächerlich-
keit bringen, zumindest für ihn nicht gerade vorteilhaft
wirken.
Die Fotos erlauben eine interessante Parallele zur Titelseite der BERLINER ILLUSTRIERTEN (nr.34/1910),
die Ebert und Noske in Badehosen zeigte. und seiner-
zeit als Verhöhnung beider Politiker aufgefaßt wurde.
Der (negative) Erfolg jenes Fotos ließ später Hitler verfügen, daß sich kein Politiker in Badehose offiziell sehen
lassen dürfe.

In solchem Kontext wird auch der „kernige Waidmann
Strauß" überspitzt und in gewisser Weise lächerlich. Die
mögliche negative Wirkung wird durch den Text verstärkt. Mit der Charakterisierung „Sonntagsjäger"

(Sonntagsfahrer) verbindet sich kaum Prestigegewinn.
Der „Heroe Strauß", der zu sein er in gestellter Pose
vorgibt, wird ins Lächerliche gezogen, sein Führungsanspruch somit infrage gestellt.

Besonders die Verbindung von Sprache und Bild unterstützt diese Deutung. Der Text arbeitet mit Sprachbildern
(Anspielungen), die sich konkret auf die Situation im
Bild (Jagd) beziehen, aber auf symbolischer Ebene politisch zu verstehen sind. Beispiele: „einen Bock schießen"
— Strauß hat als Politiker schon viel Unsinn gemacht;
„vom sicheren Anstand aus" — ihm kann als Führer
des Rechtskartells nichts passieren. Aus sicherer Position
heraus kann er auf andere „anlegen" — das „auf Beute
lauern" ist mehrdeutig genug.
In diesem Zusammenhang verstärken auch kalauerhafte,
urige Sprüche wie „Ich bin nicht der hechelnde Hund
vor dem Palais Schaumburg" (S. 35) die satirische Wirkung.
Die journalistische Technik der Intimisierung (Holzer)
wird in der Einheit von Text und Bild sowie in der
Gesamtheit des Artikels unterlaufen, indem sie überspitzt dargeboten und so in ihrer Intention — Nähe,
Vertrauen, Sympathie etc. beim Rezipienten zu wecken —
bloßgelegt wird. Durch die Ironisierung enthält die
Aussage eine deutliche Kritik am Politiker Strauß,
freilich nur auf der Ebene, die das Urteil im Text (S.35)
vorgibt: „Wer so redet, der schießt auch!"
Der Bildbericht scheint auf Rezipienten abgestellt zu
sein, die nicht unbedingt Strauß-Anhänger sind. Allerdings muß deutlich gemacht werden, daß an keiner
Stelle auf Aspekte der CDU- bzw. CSU-Politik einge-
gangen wird. Die Kritik wird nicht inhaltlich, die Ironie
bleibt im Unverbindlichen.
Auch der Kritik an FJS haftet in dieser Form Warencharakter an, die ‚politische Handlung' erschöpft sich
im Rezipieren dieses Artikels. Im Hintergrund wirkt
die (in diesem Fall mit liberalen „Gebrauchswerten")
lockende Verkaufstrategie, der Rezipient bleibt Konsument.
(Vgl. dazu auch die Untersuchung E.Siepmanns: Der
Spiegel oder die Nachricht als Ware, Voltaire Flugschrift
Nr. 18, Frankfurt 1968).

Wort-Bild-
Interferenz

Journalistische
Technik

*) Ziel der Arbeit am Gegenstand „Strauß-Foto" war es, eine Methode ästhetischer Praxis mit der Intention der Analyse zu entwickeln, weniger eine vollständige Analyse des Bildberichtes zu geben. Aus organisatorischen Gründen wurde deshalb als Arbeitsmaterial die hier wiedergegebene, im Schnelloffsetverfahren hergestellte Verfielfältigung benutzt.

3.2.4. Beispiele ästhetischer Praxis

In dieser Arbeit sollte die nach dem Stern-Foto hergestellte Vorlage *) so verändert werden (durch Proportions-
Farb-, Umfeldveränderung, Addition, Isolierung), daß
danach eine kritische Einschätzung des Politikers Strauß
beim Rezipienten ermöglicht wird.

Als Zielgruppe stellte man sich Rezipienten vor, die der
Person und Politik von F.J. Strauß relativ „unvoreinge-
nommen"' gegenüberstehen und denen das Ausgangsmaterial (s.o.) bekannt ist. Der Rezipient soll das auto-
ritäre Führerverhalten erkennen, daß sich auf Macht und
Charisma gründet. Konkretisiert wird diese Intention
z.B. durch parodistische Übersteigerung: Strauß im
„Napoleonlook" verkörpert symbolhaft den deutschen
Politiker mit dem übersteigerten Kaisermythos des
„l'imperieur". (Vgl. Abb. S. 49/50)

Strauß-Parodie

Beispiel für ästhetische Praxis, zur Artikulation eigener
(gesellschaftlicher) Probleme: Wandzeitung (s.S. 52)

Auf einem ca. 2 x 3 m großen Hintergrund mit dem Text
von Claus Bremer: „Immer schön in der Reihe bleiben" [27]
sind in regelmäßigen Abständen zweimal fünf Fotos (im
Format DIN A 3) angeordnet, die den Sozialisationspro-
zeß eines Studenten charakterisieren sollen. „Immer
schön in der Reihe bleiben" als Erziehungsprinzip im
Elternhaus, in der Schule, bei der Bundeswehr — weiterhin auch an der Universität?

Wandzeitung

Illustrierte über Illustrierte

Für Schüler der Klassen 8 bis 10 wurde eine Illustrierte
hergestellt mit dem Ziel, über Funktion, Stellenwert, Art,
Organisation etc. der Illustrierten in der BRD zu infor-
mieren. Mit Comic-Zeichnungen, Fotografien und Sieb-
drucken sollte dem Leser die eigene Rolle (als Schüler,
als Illustrierten-Leser, d.h. als Konsument...) transparent
gemacht werden. (Diese Illustrierte soll als Material für
die Arbeit in der Schule dienen).

Einige Seiten aus dem Heft, das im Format DIN A 4 mit
vierfarbigem Siebdruckumschlag und vierfarbigem Innen-
teil im Umdruckverfahren hergestellt wurde, sind hier
reproduziert. (S. 56 - 60)

Illustrierte für Schüler

**Dies ist Napoleon.
Ihr Napoleon.
Ihr selbstgemachter Napoleon**

Beispiel für die erwähnten Strauß-Parodien (vgl. S. 48)

Weitere Strauß-Parodie.

50

4 RESUMEE UND PERSPEKTIVEN

Die Auswertung eines (für ausführliche Stellungnahmen offenen) Fragebogens am Ende des Semesters gibt Aufschluß über die wesentlichen Kriterien für eine Einschätzung dieses ersten Projektversuches.

4.1. Konfliktbildung

Anlässe zu Konflikten und Unsicherheit bildeten u.a. die angebliche „Ungenauigkeit der Zielangabe", die „Unüberschaubarkeit der verschiedenen Sachgebiete" und die von „außen herangetragene umfangreiche Literaturliste". Außerdem bestanden Schwierigkeiten mit der neuen Arbeitsform, der Gruppenarbeit, die aus der nicht immer „abzubauenden Konsumhaltung" einzelner Teilnehmer resultierten. „Konsumhaltung"

4.2. Einstellungsveränderungen

In Bezug auf Fachinhalte wird auch von „neuem Bewußtsein" gesprochen; es wird die „Sichtbarmachung der politischen Hintergründe im Kunstunterricht wie auch in den anderen Fachrichtungen" gefordert und die „Notwendigkeit einer Verhaltensänderung" betont. Die meisten der befragten Studenten akzeptieren die Berechtigung der neuen Inhalte, wobei sie die intensive Erarbeitung des Basiswissens (als notwendigen „Einblick in wirtschaftliche und gesellschaftliche Zusammenhänge") positiv bewerten. „Neues Bewußtsein"

4.3. Effektivität und Arbeitsbelastung

Die Arbeitsform ermöglicht für die Gruppen und die Gruppenmitglieder „größere Eigenständigkeit" und führt zu Flexibilität, bzw. „Fortschritten im methodischen Vorgehen". Die intensive Arbeitsweise in Kleingruppen steigert die Effektivität (im Sinne persönlichen Engagements, nicht so sehr fremdbestimmter Leistung), die als „groß", „sehr groß" bezeichnet wird ((„effektivstes Seminar überhaupt"), wobei allerdings auch die Arbeitsbelastung und der Zeitverbrauch als „größer", „stärker" „höher" eingeschätzt wurden. mehr Eigenständigkeit für Gruppen und Einzelne

Auch die Frage nach der individuellen Entfaltung läßt eine äußerst positive Tendenz erkennen, wobei vorwiegend folgende Argumente angeführt werden:

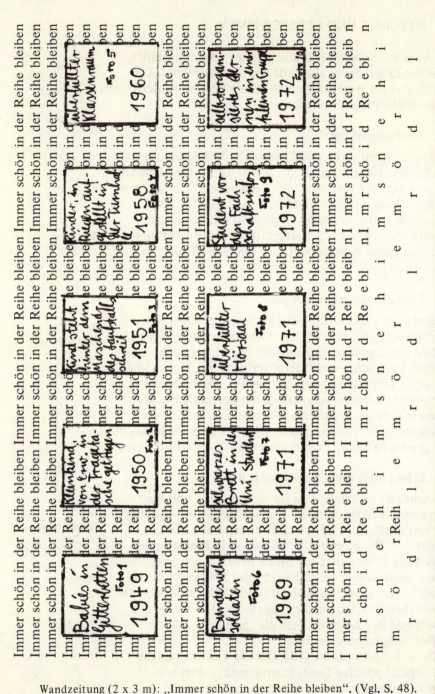

Wandzeitung (2 x 3 m): „Immer schön in der Reihe bleiben". (Vgl. S. 48).

FARBE BEKENNEN FARBE BEKENNEN FARBE BEKENNEN FARBE BEKENNEN FARBE BEKENNEN FARBE BE

Leider lagen von der Wandzeitung (vgl. auch S. 48) keine reproduktionsfähigen Fotos vor. Wir reproduzieren deshalb hier einen Entwurf.

„Abbau von Hemmungen", „Förderung des persönlichen Engagements", Entwicklung zur Selbständigkeit", „zu neuen Aspekten des Kunstunterrichts hinführend", „Profitierung des einzelnen vom Informationsvorsprung des anderen".

4.4. Verhältnis von Theorie und ästhetischer Praxis

Grundsätzlich wird im Fragebogen das Verhältnis von theoretischer und praktischer Arbeit als unausgewogen bewertet. Einmal, weil die Theorie den größten Teil der Projektarbeit beanspruchte, zum anderen, weil sich die anfangs propagierte Verbindung von Theorie und ästhetischer Praxis nicht in dem erwarteten Maße einlöste. Das erzeugte Frustrationen, vor allem, weil die neuen Ansätze ästhetischer Praxis erst am Ende des Semesters realisiert werden konnten.

„Zuviel Zeit für Theorie"

Die Verschiebung auf das Semesterende hatte vor allem folgende Gründe (die in einer neuen Projektarbeit nicht mehr so deutlich ausgeprägt sein müssen):

– es fehlte für diese neue Form ästhetischer Praxis die Erfahrung; deshalb brauchte man viel Zeit zum Diskutieren

– das Ausgangsmaterial (Strauß-Foto) und die vorgeschlagenen Aufgabenstellungen motivierten zunächst nicht.

Erst mit der Erarbeitung der kritischen Medientheorie erkannte man Möglichkeiten und Anlässe zu einer politisch fundierten praktischen Arbeit. Dann wurden, sogar außerhalb der Projektarbeit aktuelle Themen z.B. der Hochschulpolitik visualisiert.

4.5. Rolle der studentischen Teamer und der Dozenten

Mehr als die Hälfte der Befragten charakterisierte das Verhalten der Teamer als den „Versuch, integrativ zu arbeiten" und als „in die Gruppe integriert, trotz Informationsvorsprung".

Teamer: integrativ gearbeitet

Nur zwei Aussagen sprechen von „Bremsung durch die Planungsgruppe", die „alles vorplant und in ein bestimmtes Schema preßt".

Anders die Rolle der Dozenten: Die Fixierung auf den, der im rechten Moment als „Wissender" zur Verfügung stehen kann, war bei vielen Studenten (auch innerhalb

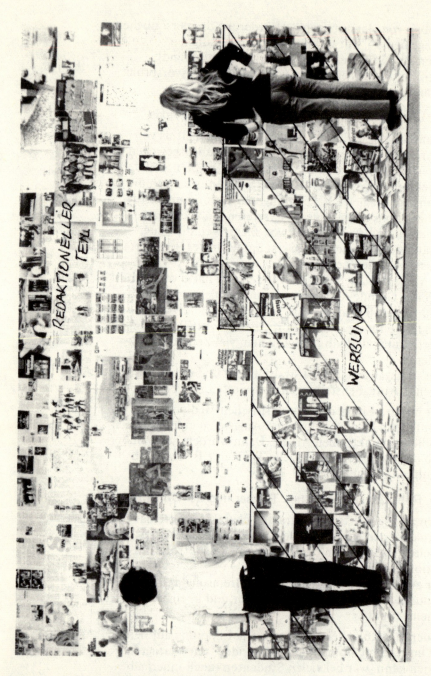

Sämtliche Seiten aus einer Nummer des STERN, um das Verhältnis zwischen redaktionellem und Anzeigenteil unmittelbar sichtbar zu machen.

der Projektgruppe) stark ausgeprägt. Der Abbau der gewohnten Rolle des „Leiters" zugunsten gleichberechtigter Mitarbeit erzeugte auf beiden Seiten Unsicherheit. Von Teilnehmern einzelner Arbeitsgruppen wurden die Dozenten vor allem deshalb als „Fremdkörper" empfunden, weil sie sich keiner Gruppe angeschlossen hatten. Die Planungsgruppe hatte ihnen die Aufgabe zugewiesen, sich einen „Überblick" über die einzelnen Arbeitsgruppen zu verschaffen und — falls nötig — koordinierend einzugreifen.

Es erscheint notwendig, daß auch Dozenten konstant in einer Gruppe mitarbeiten. Nur so kann das eingeübte Rollenverständnis und -verhalten auf beiden Seiten überwunden werden.

4.6. Planungsgruppe und Autonomie der Arbeitsgruppen

Ein wesentlicher Bestandteil der Projekt-Konzeption liegt in der Planung, d.h. der Bestimmung von Lernzielen und Lernprozessen. Obwohl die Planungsgruppe die Inhalte — im Gegensatz zur individuellen Entscheidung eines Dozenten — in kollektivem Lernprozeß erarbeitete und spätere autonome Entscheidungen der Arbeitsgruppen vorsah, ergab sich doch eine starke Fixierung auf die einmal vorgegebenen Inhalte.

Bestimmung von Lernzielen und Inhalten

Je autonomer freilich die einzelnen Gruppen über die zu erarbeitenden Inhalte mitentscheiden, desto größer wird einerseits der Konflikt, daß von der „Logik der Sache" her wünschenswerte Teilinhalte vernachlässigt werden; andererseits bedeutet die Festlegung einer bestimmten Reihenfolge oder „Vollständigkeit" von Inhalten, daß der Arbeitsgruppe ihre Selbständigkeit genommen wird und alle Verantwortung doch wieder bei der Sachkompetenz — diesmal nicht der der Dozenten, sonder der der Planungsgruppe — liegt. Damit hätte sich die Projekt-Arbeit selbst aufgehoben und ad absurdum geführt.

„Sach-kompetenz"

Eine genaue Bestimmung der Funktion derjenigen, die ein Projekt planen, etwas vorgeben und in die Gruppen hineintragen und damit auf ein bestimmtes, wenn auch mit der Zeit abzubauendes Rollenverhalten festgelegt werden, ist auf der Basis dieser Erfahrungen nicht generell zu leisten. Die Übertragung von Autoritätsstrukturen auf studentische Teamer impliziert die Frage nach „Führerrolle" und

55

„Avantgardefunktion" auf dieser Ebene genauso, wie die entscheidendste Grundsatzfrage auf politischer Ebene— nämlich die Frage nach dem Verhältnis von Führungsanspruch, Selbst- und Eigenbestimmung.

Der folgende Comic-Strip ist der bereits erwähnten „Illustrierte über Illustrierte" (Zielgruppe: Schüler) entnommen, die während des Projekts hergestellt wurde.

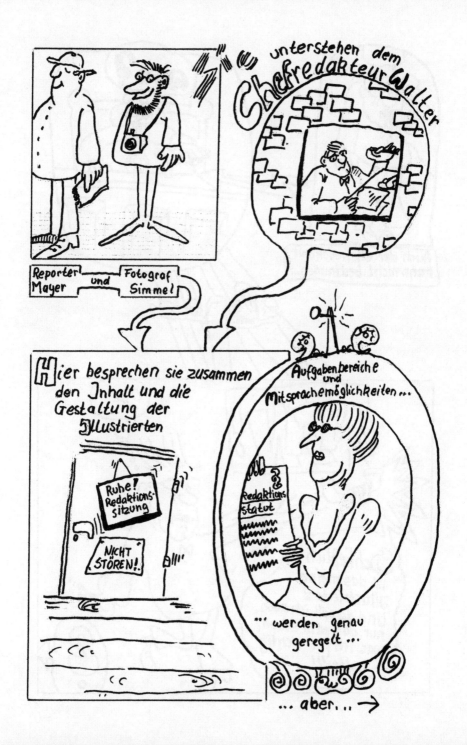

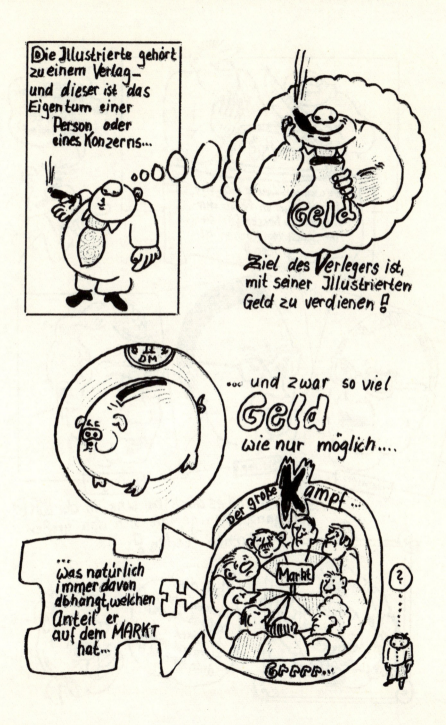

Anmerkungen

1) J.Eucker/H.Kämpf-Jansen: Lernerfahrungen und Lernerwartungen der Studienanfänger der Fachrichtung Kunsterziehung. Eine Untersuchung, durchgeführt an der Justus Liebig-Universität Gießen im Herbst 1971, in: Kunst + Unterricht Nr. 17/1972, S. 12.

2) Vgl. u.a.: H.R. Möller: Gegen den Kunstunterricht, Ravensburg 1971
H.K. Ehmer (Hrsg.): Visuelle Kommunikation, Köln 1971
H.K. Ehmer (Hrsg.): Kunst/Visuelle Kommunikation − Unterrichts-modelle, Steinbach 1973
Rahmenrichtlinien Primarstufe Kunst/Visuelle Kommunikation, Wiesbaden 1972, hrsg. v. Hessischen Kultusministerium

3) Analyse der PH Kiel, Raubdruck

4) Vorlesungsverzeichnis der Justus Liebig-Universität Gießen, SS 1971
S. 210 ff.

5 + 6) Neue Hessische Lehrpläne (Rahmenrichtlinien), in: Bildungspolitische Informationen, hrsg. v. Hess. Kultusminister, Nr. 3/72, S. 57

7) Zur Definition des Begriffs und zur Charakterisierung der wichtigsten Merkmale vergleiche:
Forschendes Lernen − Wissenschaftliches Prüfen, Schriften der Bundes-assistentenkonferenz (BAK) Nr. 5, 2. Aufl. Bonn 1970

8+9) H.R. Möller: "Kasseler Thesen" Sommer 1971 (Paper), Aus H.R. Möller: Zur Didaktik der visuellen Kommunikation, in K.+U., Heft 14/71, S. 1 ff.

10+ J.Zimmer, Notizen zum Verhältnis von politischer Sozialisation und
11) aktionistischem Kunstunterricht, in: Kunst + Unterricht, Heft 12/71, S. 36

12) Eucker/Kämpf-Jansen, a.a.O.

13 - Gernot Wersig: Inhaltsanalyse, Berlin 1968, S. 17
15)

16) Siegfried Kracauer: Für eine qualitative Inhaltsanalyse, in: Ästhetik und Kommunikation, Heft 7/72, S. 58

17) Obwohl alle die rationalen Begründungen für den Gegenstand und die Entscheidung mitvollzogen, wurde von einer Vielzahl der Planungs-gruppenmitglieder ein Unbehagen ausgesprochen, das die Diskrepanz zwischen rationaler Entscheidung und emotionaler Haltung aufdeckte. Dieses Unvermögen, die rationalen Entscheidungen mit adäquaten Affekten zu besetzen, war später auch in den Arbeitsgruppen zu beo-bachten: „Wir sehen das zwar ein, wir möchten aber eigentlich lieber etwas Schöneres machen."

18) Horst Holzer, Politik in Massenmedien, in: Kritik 4, Manipulation der Meinungsbildung, Opladen 1971, S. 72-76.

19) Diese Sitzungen waren für alle offen. Es nahm aber niemand aus den Arbeitsgruppen teil, weil man z.B. ein Diskussionsniveau befürchtete, bei dem man sich ausgeschlossen fühlte.

20) Nach: Kazda, Müller und Wember, aus: Jugend, Film, Fernsehen, Heft 2-3/71

21) Äußerung: „Na gut, wir wissen ja, daß die Produktionsverhältnisse geändert werden müssen, aber jetzt wollen wir endlich praktisch arbeiten!" (verstanden als künstlerische Praxis zur Eigenbefriedigung).

22) Die Gruppe erkannte zu diesem Zeitpunkt die wichtige Funktion eines Diskussionsleiters noch nicht: zu koordinieren und sich in dieser Rolle zu trainieren ...

23) Klaus Horn (Hrsg.): Gruppendynamik und der ‚subjektive Faktor‘, Repressive Entsublimierung oder politisierende Praxis, Ffm. 1972, S. 96 f.

24) R. Abrams, K. Heidrich, Die Wirkung relativ konstanter Persönlichkeitsmerkmale auf Verhalten im Gruppengeschehen bei lehrerzentriertem bzw. schülerzentriertem Unterricht. Eine von der Diskussion gruppendynamischer Verfahren angeregte empirische Untersuchung, in: Horn, Gruppendynamik a.a.O., S. 375.

25) W. Giere, Gruppendynamik und politische Bildung, in: Horn, Gruppendynamik, a.a.O., S. 381.

26) Knilli/Reiss: Einführung in die Film- und Fernsehanalyse, Steinbach 1971, S. 57

27) Claus Bremer: Immer schön in der Reihe bleiben, Texte und Kommentare, Steinbach 1968.

Teil 2

INFORMATIONEN ZUR ILLUSTRIERTEN

1.1 Chronologische Skizze

1725 „Abbildung der Begebenheiten und Personen"
Vorform einer deutschen Illustrierten
1842 „Illustrated London News"
1843 „L'Illustration", Paris
1843 „Illustrirte Zeitung", Leipzig (bis 1943)
1891 „Berliner Illustrierte Zeitung" (bis 1945, auflagenstärkste
Zeitschrift Europas. Ullstein)
1899 „Die Woche – Moderne Illustrierte Zeitschrift"
(bis 1944, Hugenberg-Konzern)
1921 „Sowjetrußland im Bild"; später (1927) „A-I-Z, Arbeiter
Illustrierte Zeitung" (Münzenberg)
1926 „Illustrierter Beobachter" (NSDAP-Zeitschrift)
1940 „Signal", Auslands-Illustrierte der deutschen Kriegspropaganda (bis 1945)

1.2

Der Bildanteil der Illustrierte steigert sich analog der technischen Entwicklung.
1850 gelingt die Übertragung der Daguerretype auf den Holzdruckstock. Bildanteil 1856: 5 %
1883 wird das Autotypieverfahren entwickelt. Der Bildanteil steigert sich auf 12 %.
1889 werden photomechanische Reproduktionen möglich.
Der Bildanteil beträgt nach 1900 25 %.

Das heute gebräuchliche Offsetdruckverfahren erlaubt einen Bildanteil von mehr als 50 %. (Beispiel: 65 % der bedruckten Fläche der BRAVO sind Fotos und Zeichnungen)

Nach D. Baake, a.a.O., Seite 213 f.

(Ausführliche Literaturangaben zur Pressegeschichte finden sich in:
Fischer Lexikon Publizistik, S. 369 f.).

1.3 Illustrierten-Presse in der BRD

1.3.1 Verlage, Produkte, Verflechtung

HEINRICH BAUER VERLAG KG, Hamburg

Komplementär: Alfred Bauer

| Kommanditisten: | 84 % Alfred Bauer |
| | 16 % Ehefrau und Kinder |

Umsatz:	1968 – 400 Mio DM
	1969 – 450 Mio DM
	1970 – 600 Mio DM

Beschäftigte: 5000

| Tageszeitungen: | Norddeutsche Rundschau |

Zeitschriften:	Neue Revue
	TV - Hören und Sehen
	Wochenend
	Neue Post
	Quick
	Das neue Blatt
	Praline
	Bravo
	sexy
	Neue Mode
	Selbst ist der Mann/Do it yourself
	Deutsche Auto Zeitung
	Riesen-Rätsel-Revue
	Aktuelle Woche

Verlage:	Moewig-Verlag, München
	Druck- und Verlagshaus Erich Pabel, Rastatt
	Alfons Semrau Verlag, Hamburg
	Verlag Heim und Welt, Hannover (30 %)

Produktion und Vertrieb	Pressevertrieb Nord GmbH
	Rundschau GmbH & Co. KG, Itzehoe
	Bauerdruck KG, Köln

BURDA-GRUPPE, Offenburg

Burda Druck und Verlag GmbH
Geschäftsführender Gesellschafter: Franz Burda
Verlag Aenne Burda KG
Komplementär: Aenne Burda
Kommanditist: Franz Burda, Frieder Burda, Hubert Burda

| Umsatz: | 1968 – 526 Mio DM |
| | 1969 – 565 Mio DM |

Beschäftigte: 5000

Zeitschriften:	Bunte Illustrierte
	freundin
	burda-fernsehen
	Das Haus A
	Das Haus B
	burda-Moden
	Freizeit-Revue
	Sport-Illustrierte

Hörfunk und	Burda-Scope
Fernsehen:	Zeitschriften-Funk-Union GmbH & Co. KG
	(mit Gruner + Jahr und Spiegel)

| Druckereien in: | Offenburg |
| | Lynchburg (Virginia/USA) (49 %) |

GRUNER + JAHR GmbH & Co. KG — Druck- und Verlagshaus, Itzehoe und Hamburg

Komplementär:	Druck- und Verlagshaus Gruner + Jahr GmbH
	mit den Gesellschaftern
	35 % Gerd Bucerius
	35 % John Jahr
	25 % C. Bertelsmann-Verlag
	5 % Ernst Naumann

Kommanditisten:	32,375 % Constanze Verlag John Jahr KG
	32,375 % Zeit-Verlag GmbH (Bucerius)
	23,125 % C. Bertelsmann Verlag
	4,625 % Ernst Naumann
	7,5 % Druck- und Verlagshaus
	Gruner + Jahr GmbH

Umsatz:	1968 — 400 Mio DM
	1969 — 540 Mio DM
	1970 — 500 Mio DM

Verflechtungen	
zwischen	25 %-Beteiligung an Spiegel Verlag Rudolf
den ‚Großen Acht':	Augstein KG, Hamburg

Zeitschriften:	Stern
	Brigitte/Constanze
	Schöner Wohnen
	Capital
	Gong (50 %)
	Eltern
	Jasmin

	Part Publications ‚europart' (mit Bertelsmann und Hachette)
Hörfunk und Fernsehen:	Zeitschriften-Funk-Union GmbH & Co. KG (mit Burda und Spiegel) Videophon GmbH & Co. KG / 50 % (mit Bertelsmann)
Druckereien in:	Itzehoe Unterföhring
Vertrieb:	Buch- und Pressedienst GmbH Buch-Hansa GmbH Deutsche Buch- und Presse-Vertriebsgesellschaft mbH Berliner Presse-Vertrieb GmbH
Beteiligungen der Gesellschafter:	Zeit Verlag GmbH Die Zeit Wirtschaftswoche/Volkswirt/Aktionär Constanze Verlag John Jahr KG Montanus Buchladen-Kette (50 %) Fachzeitschriften

GANSKE-GRUPPE
Jahreszeiten-Verlag GmbH, Hamburg
Hoffmann & Campe Verlag

Alleininhaber: Kurt Ganske

Umsatz: 1969 — 150 Mio DM

Zeitungen:	Rheinischer Merkur (89 %)
Zeitschriften:	Für Sie Petra/Moderne Frau Zuhause Programm Vital Merian architektur & wohnen akut
Lesezirkel:	Daheim
Druckerei:	Rhenania Druck- und Verlags GmbH, Koblenz

AXEL SPRINGER GESELLSCHAFT FÜR PUBLIZISTIK KG, Berlin

Geschäftsführer: Axel Springer, Karl Andreas Voss, Peter Tamm, Eberhard von Brauchitsch

Holding von:
Verlags-Versicherungsdienste GmbH
Ullstein AV Produktions- und Vertriebs-GmbH
Axel Springer Verlag AG, Hamburg/Berlin
Alleinaktionär: Axel Springer
Vorstandvorsitzender: Peter Tamm

Umsatz: 1968 – 850 Mio DM
1969 – 900 Mio DM
1970 – 1000 Mio DM

Beschäftigte: 12 000

Tageszeitungen:
Bild
Hamburger Abendblatt
Die Welt
B.Z., Berlin
Berliner Morgenpost
Elmshorner Nachrichten
Lübecker Nachrichten (20 %)
Bergedorfer Zeitung (20 %)

Wochenblätter:
Bild am Sonntag
Welt am Sonntag
Ahrensburger Wochenzeitung

Zeitschriften:
Hör zu
Funk-Uhr
Dialog

Verlage:
Ullstein GmbH, Berlin
Verlag Ullstein GmbH, Frankfurt
Ubo Mode- und Schnittmuster Verlag
Ullstein & Co. GmbH, Wien

Fernsehen: Ullstein AV Produktions- und Vertriebs-GmbH

Agenturen:
SAD-Springer Auslands-Dienst
ASD-Axel Springer Inlands-Dienst

Druckereien in:
Ahrensburg (Tiefdruck)
Berlin (Hochdruck)
Darmstadt (Tiefdruck)

		Essen (Hochdruck)
		Hamburg (Hochdruck)
Beteiligungen:		Touristikunion International (11,1 %)
		(200 Reisebüros von Touropa, Schwarnow, Hummel, Dr. Tigges)

1.3.2

– Marktanteile der vier größten Konzerne:

Gruppe	Titel	Marktanteil (%) ungewichtet		gewichtet *		
	1970	1968	1970	1968	1970	1971
Bauer	13	18,4	21,1	26,1	29,9	34,1
Burda	7	12,4	15,0	8,9	10,3	12,2
Gruner + Jahr	12	8,0	11,4	8,4	10,5	13,2
Springer	2	8,8	8,9	13,3	13,3	14,8
Summe	34	47,6	56,4	56,7	64,0	74,3

* Berücksichtigung der unterschiedlichen Erscheinungshäufigkeit

Nach Prokop, Massenkommunikationsforschung 1, a.a. O. S. 89/90/92.

– Auflagenhöhe

Nach Fischer Lexikon Publizistik, S. 234, 235, 239

Illustrierte, Unterhaltungs-, Familien-, Film-, Rundfunk-, Heimat-Zeitschriften, Magazine: 66 Titel
Auflage zusammen 32 Mill

Stern	1,7 Mio Aufl.	Bravo:	1,2	Mio	1966
Bunte Ill.	1,7 Mio		0,65	Mio	1971
Neue Rev.	1,7 Mio				
Quick	1,4 Mio				

Die Gesamtauflage aller in der BRD verkauften Publikumszeitschriften ist im Verlauf des letzten Jahrzehnts beträchtlich gestiegen. Die Zuwachsrate bis 1969 betrug gegenüber 1959 mehr als 50%.

– Leser pro Exemplar:

nach: Fischer Lexikon Publizistik, S. 239, 240, 241

Bunte Illustrierte	4,6
Stern	7,3

Reichweite bezogen auf die Gesamtbevölkerung:
Stern   32 %
Quick   19 %
Neue Revue   19 %
Bunte Illustrierte 18 %

– Leseranalyse 1968
aus: Leseranalyse e.V. 1968

	Zeit	Neue Post	Pardon	Bravo
Leser je Nr.(in Mill)	0,83	3,01	0,92	2,97
Anteil Männer in %	63	39	72	47
Anteil Frauen in %	37	61	28	53
Hausfrauen in %	27	47	17	20
Alter der Leser: 14 – 19 J. in %	13	11	23	55
20 – 29 J.	36	20	48	16
30 – 39 J.	15	19	13	9
40 – 49 J.	13	15	8	10
50 – 59 J.	13	16	6	5
60 – 70 J.	11	19	1	2
Pro Kopf-Einkommen des Haushalts: unter 250,– DM in %	14	35	23	44
250,– bis 400,–	31	36	30	36
400,– DM und mehr	55	28	48	19

Größe des Wohnorts:	Zeit	Neue Post	Pardon	Bravo
bis 1999 Einw. (in %)	9	21	9	23
2000 – 19999 Einw.	17	25	17	25
20000 – 99999 Einw.	15	16	14	15
100000 – 499999 Einw.	21	17	13	19
500000 und mehr Einw.	38	20	47	18
Soziale „Schichtung"[1]:				
I. (= „oben") in %	52	9	39	13
II.	30	29	38	33
III.	15	32	21	36
IV.	3	23	2	15
V. (= „unten")	1	6	–	2
Bundesländer: (in %)				
Schlesw.-Holst. + Hbg.	19	13	20	7
Niedersachs. + Bremen	17	15	12	14
Nordrhein-Westfalen	21	30	8	27
Hessen	14	7	4	9
Rheinland-Pfalz	3	8	12	7
Baden-Württemberg	14	13	5	17
Bayern	5	16	11	13
Berlin-West	6	3	?	4

1) Die Zuordnung der Leser zur „sozialen Schicht" erfolgt nach einem von
Infra-Test entwickelten Punktgruppensystem, Kriterien: Haushaltseinkom-
men (z.B. „Schicht" I über 2000,– DM; „Schicht" V bis 400,– DM),
Schulbildung und Berufsstellung. Von der Gesamtbevölkerung rechne-
ten 1968 zur „Schicht" I 15 %, II = 26 %, III = 34 %, IV = 19 %, V = 6 %.

1.3.3. Illustrierte und Werbung

– Preiswürdigkeit: (Anzeigen)
(gemessen an der Anzahl von Leserkontakten)

Bunte Illustrierte	24.544 DM/Seite	Hör Zu	54.720
Neue Revue	25.088	Der Spiegel	18.600
Quick	24.544	Die Zeit	13.312
Stern	28.448		
Bravo	13.296		

Aus: Krauß/Rühl, Werbung in Wirtschaft und Politik, Ffm., EVA, 2. Aufl. 1971, Seite 34.

– Erlöse der Illustriertenpresse 1964

Erlösarten	Illustrierte		Frauen und Modezeitschr.		Rundfunk-Zeitschriften		Bunte Wochenendblätter	
	Millionen DM	%	Millionen DM	%	Millionen DM	%	Millionen DM	%
Vertriebserlöse	108,6	32,2	69,5	31,5	141,6	50,5	31,0	82,6
Anzeigenerlöse	228,0	67,8	146,5	68,4	138,9	49,5	6,5	17,1
Sonstige Erlöse	0,1	–	0,2	0,1	–	–	–	–
Erlöse insgesamt	336,7	100,0	216,2	100,0	280,5	100,0	37,5	100,0

aus: Bundesministerium des Innern, 106, in: Prokop (Hrsg.), Massenkommunikation, a.a.O., S. 120

– Gesamtwerbeausgaben in der BRD (im Vergleich zu den Schulausgaben von Bund, Ländern und Gemeinden)

	1962	1963	1964	1965	1966	1967	1968
Werbeausgaben in Mrd. DM	8,5	9,6	10,7	12,2	13,6	14,2	15,2
Schulausgaben in Mrd. DM	7,4	8,4	9,6	10,9	11,8	12,3	ca.13,7

aus: Eike Hennig, S. 32,

– Bruttowerbeumsätze ausgewählter Werbemittel 1970

Zeitungen	3.117, 3 Mill DM
Zeitschriften	2.005,3 Mill DM
Fernsehen	645,5 Mill DM
Hörfunk	205,7 Mill DM
Anschlagwerbung	262,2 Mill DM
Filmtheater	57,2 Mill DM
Direktwerbung	3.097,6 Mill DM

aus: Krauß/Rühl, Werbung in Wirtschaft und Politik, Frankfurt, EVA, 2. Aufl. 1971, S. 21

1.3.4. **Themenbereiche** von drei aktuellen Illustrierten (im Jahrgang 1964)

Themenbereiche	Quick	Revue	Stern	Durchschn.
Individuelle Lebensprobleme*	44,3	42,2	21,9	36,1 %
Zwischenmenschl. Beziehungen**	33,0	28,1	18,5	26,5
Prominenz	33,0	29,3	17,2	26,5
Politik	15,4	13,3	20,2	16,3
Hobby und Freizeit	14,8	15,7	12,5	14,3
Kriminalistik u. Verbrechen	14,1	15,5	10,1	13,2
Klatsch u. Tratsch***	18,6	13,6	4,9	12,4
Haushalts- u. Familienprob.****	12,0	15,6	5,2	10,9
Krieg u. Katastrophen	6,3	10,1	4,6	7,0
Wirtschaft	4,4	3,4	3,3	3,7
Wissenschaft	5,0	2,1	3,2	3,4
Mode	3,2	4,1	2,5	3,3
Technik	2,5	3,4	3,6	3,2
Kunst u. Populärkunst	2,8	3,1	2,3	2,7
Religion	1,2	5,1	1,2	2,5
Massenkommunikation	3,0	1,0	1,6	1,9
Sport	2,6	1,7	1,3	1,9
Unterhaltung für Kinder	–	0,1	2,2	0,8

Anmerkung

* Pernsönliche Probleme – von der Kosmetik bis zur Existenzangst – sowie Probleme innerhalb von Primärgruppen

** Fragen des menschlichen Zusammenlebens jenseits von Primärgruppen, wie soziale Vorurteile, Gruppenbeziehungen und -konflikte

*** Persönliche Probleme in unsachlicher, affektbetonter Darstellung, die (zumeist) die Intimssphäre der Betreffenden zum Gegenstand hat

**** Haushaltsführung (Wohnen, Kochen) und familiäres Zusammenleben (Kindererziehung, Generationsverhältnisse usw.)

aus: Fischer Lexikon, Publizistik, hrsg. v. E. Noelle-Neumann und W. Schulz, Frankfurt 1971, S. 235

– zu Bravo:

Prominenz	17,4 %
Freizeit und Hobby	15,0
Kunst und Pop-Kunst	14,9
Massenkommunikation (z.B. Fernsehprogramm)	14,9
Individuelle Lebensprobleme	10,3

= 72,5 % des Gesamtin-
halts

die anderen Kategorien sind kaum ausgefüllt.

aus: D. Baake, Der traurige Schein des Glücks, in: Visuelle Kommunikation. Beiträge zur Kritik der Bewußtseinsindustrie, hrsg. v. H. K. Ehmer, Köln 1971, S. 222

KAPITALISMUS UND PRESSEFREIHEIT

Heinrich Heine

aus: ‚Lutezia‘. Berichte aus Paris über die französische Politik an die ‚Augs-
burgische Allgemeine Zeitung‘. Art. vom 3. VI. 1840

Die französische Tagespresse ist gewissermaßen eine Oligarchie,
keine Demokratie; denn die Begründung eines französischen Journals ist mit so vielen Kosten und Schwierigkeiten verbunden, daß
nur Personen, die im stande sind, die größten Summen aufs Spiel
zu setzen, ein Journal errichten können. Es sind daher gewöhnlich Kapitalisten oder sonstige Industrielle, die das Geld herschies-
sen zur Stiftung eines Journals; sie spekulieren dabei auf den Absatz, den das Blatt finden werde, wenn es sich als Organ einer bestimmten Partei geltend zu machen verstanden, oder sie hegen
gar den Hintergedanken, das Journal späterhin, sobald es eine hin-
längliche Anzahl Abonnenten gewonnen, mit noch größerem Profit an die Regierung zu verkaufen. Auf diese Weise angewiesen auf
die Ausbeutung der vorhandenen Parteien oder des Ministeriums,
geraten die Journale in eine beschränkende Abhängigkeit und, was
noch schlimmer ist, in eine Exklusivität, eine Ausschließlichkeit
bei allen Mitteilungen, wogegen die Hemmnisse der deutschen
Zensur nur wie heitere Rosenketten erscheinen dürften. Der Redakteur en chef eines französischen Journals ist ein Condottiere, der
durch seine Kolonnen die Interessen und Passionen der Partei, die
ihn durch Absatz oder Subvention gedungen hat, verficht und ver-
teidigt. Seine Unterredakteure, seine Lieutenants und Soldaten,
gehorchen mit militärischer Subordination, und sie geben ihren
Artikeln die verlangte Richtung und Farbe, und das Journal erhält
durch jene Einheit und Präzision, die wir in der Ferne nicht genug
bewundern können. Hier herrscht die strengste Disziplin des Ge-
dankens und sogar des Ausdrucks. Hat irgendein unachtsamer Mitarbeiter das Kommando überhört, hat er nicht ganz so geschrieben, wie die Consigne lautete, so schneidet der Redakteur en chef
ins Fleisch seines Aufsatzes mit einer militärischen Unbarmherig-
keit, wie sie bei keinem deutschen Zensor zu finden wäre. Ein deutscher Zensor ist ja auch ein Deutscher, und bei seiner gemütlichen
Vielseitigkeit gibt er gern vernünftigen Gründen Gehör; aber der
Redakteur en chef eines französischen Journals ist ein praktisch
einseitiger Franzose, er hat seine bestimmte Meinung, die er sich
ein für allemal mit bestimmten Worten formuliert hat, oder die
ihm wohlformuliert von seinen Komittenten überliefert worden.
Käme nun gar jemand zu ihm einen Aufsatz, der zu den erwähn-

ten Zwecken seines Journals in keiner fördernden Beziehung stän-
de, der etwa ein Thema behandelte, das kein unmittelbares Interesse hätte für das Publikum, dem das Blatt als Organ dient, so
wird der Aufsatz streng zurückgewiesen mit den sakramentalen
Worten: ‚Cela n'etre pas dans l'idee de notre journal'. Da nun sol-
chermaßen von den hiesigen Journalen jedes seine besondere politische Farbe und seinen bestimmten Ideenkreis hat, so ist leicht
begreiflich, daß jemand, der etwas zu sagen hätte, was diesen Ideenkreis überschritte und auch keine Parteifarbe trüge, durchaus kein
Organ für seine Mitteilungen finden würde. Ja, sobald man sich ent-
fernt von der Diskussion der Tagesinteressen, den sogenannten Ak-
tualitäten, sobald man Ideen zu entwickeln hat, die den banalen
Parteifragen fremd sind, sobald man etwa nur die Sache der Mensch-
heit besprechen wollte, würden die Redakteure der hiesigen Journale einen solchen Artikel mit ironischer Höflichkeit zurückwei-
sen; und da man hier nur durch die Journale oder durch ihre annon-
cierende Vermittlung mit dem Publikum reden kann, so ist die Char-
te, die jedem Franzosen die Veröffentlichung seiner Gedanken
durch den Druck erlaubt, eine bittere Verhöhnung für geniale
Denker und Weltbürger, und faktisch existiert für diese durchaus
keine Pressefreiheit: cela n'etre pas dans l'idee de notre journal.
(S. 182)

Günter Wallraff

aus: Einige Erfahrungen mit den Schwierigkeiten beim Veröffentlichen der
Wirklichkeit hinter Fabrikmauern, in: E. Spoo (Hrsg.), Die Tabus der
bundesdeutschen Presse, München 1971 (Reihe Hanser 66)

Bei den meisten Organen der Massenpresse ist der Verkaufspreis
weit unter den Herstellerpreis gesunken, so daß Zeitungen nur
noch durch Anzeigeneinnahmen bestehen können und Großkon-
zerne durch gemeinsame Anzeigenpolitik über Auflagenhöhe und
Bedeutung und letztlich über den Bestand der einzelnen Blätter
zu entscheiden in der Lage sind. Der „Spiegel" müßte mehr als das
Doppelte kosten, wenn er ohne Anzeigen auskommen wollte. Vor
dem Krieg rechnete man noch mit einem Erlös von 65 Prozent aus
dem Vertrieb; heute müssen die Anzeigen etwa diesen Anteil
hereinbringen (bei Illustrierten beträgt er im Durchschnitt 80 Prozent). (S. 23)
Wie vor kurzem bekannt wurde, existiert ein sogenanntes „Früh-
stückskartell" der Industrie, das darüber zu beschließen hat, Zeitungen und Zeitschriften, die sich nicht eindeutig genug zu den
Prinzipien der freien Marktwirtschaft bekennen, mit Inseraten aus-
zuhungern.

In der liberalen „Zeit" wird gleichermaßen Rücksichtnahme ge-
übt. Als im „Zeit"-Magazin ein Kriegsfoto aus Amman erscheinen
sollte (ein Vater, der sich über sein schwer verwundetes Kind
beugt), schaltete sich die Anzeigenabteilung ein, die auf der gegenüberliegenden Seite eine Coca-Cola-Anzeige eingeplant hatte.
„Wir müssen vorher bei Coca-Cola anfragen, ob das Foto kommen
darf." Es durfte nicht. Coca-Cola: „Kein Tropfen Blut auf unserer
und der gegenüberliegenden Seite." Das den Krieg anprangernde
Foto entfiel zu Gunsten der den Durst anregenden Anzeige.
Insgesamt kann man sagen: Die Pressefreiheit des Journalisten hat
spätestens da ihre Grenzen, wo die Interessen der Großanzeigen-
kunden beginnen. (S. 24/25)

Materialien zur Pressefreiheit

aus: Fischer Lexikon Publizistik, Frankfurt/Main 1971

1. Erklärung der Menschen- und Bürgerrechte vom 26. August
   1789, Artikel XI:
Die freie Mitteilung von Gedanken ist eines der kostbarsten Rechte des Menschen; jeder Bürger hat demnach das Recht, frei zu reden, zu schreiben, zu drucken; vorbehaltlich seiner Verantwortung
für den Mißbrauch dieser Freiheit in dem vom Gesetze festgelegten Fällen. (S. 270)

2. Grundgesetz für die BRD vom 23. Mai 1949, Artikel 5:
Jeder hat das Recht, seine Meinung in Wort, Schrift und Bild frei
zu äußern und zu verbreiten und sich aus allgemein zugänglichen
Quellen ungehindert zu unterrichten. Die Pressefreiheit und die
Freiheit der Berichterstattung durch Rundfunk und Film werden
gewährleistet. Eine Zensur findet nicht statt. (S. 270)

3. Allgemeine Erklärung der Menschenrechte der Vereinten Na-
   tionen vom 18. Dezember 1948, Artikel 19:
Jeder hat Anspruch auf freie Meinung und freie Meinungsäußerung.
Dieses Recht schließt die Freiheit der Meinung und die Freiheit
zum Empfang und zur Mitteilung von Nachrichten oder Ideen
ohne Eingriffe von Behörden und ohne Rücksicht auf Landesgren-
zen ein.
Der Grundsatz ist in Art. 10 der Europäischen Konvention zum
Schutze der Menschenrechte und Grundfreiheiten vom 4. Novem-
ber 1950 übernommen worden. (S. 271)

Die Konsultativversammlung des Europarates hat in einer Resolu-
tion vom 26. Januar 1967 die Forderung erhoben, daß die von
verschiedenen europäischen Staaten geplante Reform ihrer Pres-

segesetze größere Einheitlichkeit wünschbar mache, und hat erste Schritte zu einer Harmonisierung eingeleitet.

Die Bestimmungen der Pressegesetze lassen sich gliedern in solche, die besondere Rechte, und andere, die Pflichten begründen. Unter den Rechten sind, abgesehen von der Pressefreiheit und der Informationsfreiheit namentlich hervorzuheben die Anerkennung der öffentlichen Aufgabe der Presse, die Freiheit der Zulassung von Presseorganen, Verbot der Zensur, der Schutz des Redaktionsgeheimnisses, der Schutz vor Beschlagnahme, die abgekürzte Verjährung für Pressedelikte. Unter die Pflichten fallen die allgemeine Sorgfaltspflicht, die Pflicht zur Berichtigung oder Gegendarstellung, die Unterwerfung unter eine besondere Verantwortungsordnung bei Presseinhaltsdelikten, die Beachtung der Vorschriften der Presseordnung. (S. 272)

Kommunikationspolitisch besonders aktuell ist die Frage, ob der Gegendarstellungsanspruch wenigstens in publizistischen Monopolgebieten auf alle wahlberechtigten Bürger (...) und auf Meinungsäußerungen (...) ausgeweitet werden sollte. (S. 277)

Zur inneren Pressefreiheit:

Entwurf eines Reichspressegesetzes, 1932, § 10:
Rechtsgeschäfte jeder Art, die mit Rücksicht auf wirtschaftliche Vorteile insbesondere im Hinblick oder im Zusammenhang mit dem Abschluß von Anzeigenverträgen die Gestaltung des Textteils einer Zeitung oder politischen Zeitschrift binden sollen, sind wegen Verstoßes gegen die guten Sitten nichtig ... (S. 277)

Zur Sicherung innerer Pressefreiheit sind in den letzten Jahren zwischen einigen Verlagen und Redaktionen Redaktionsstatute ausgehandelt worden, und in verschiedenen Entwürfen für einen Tarifvertrag über die Zusammenarbeit zwischen Verleger und Redaktion sind Redaktionsstatute und Redaktionsbeiräte vorgesehen; auch Entwürfe für ein Presserechts-Rahmengesetz des Bundes enthalten Vorschläge für derartige Vereinbarungen (Arbeitskreis Pressefreiheit, Entwurf eines Gesetzes zum Schutze freier Meinungsbildung und Dokumentation des Arbeitskreises Pressefreiheit, 1970) (S. 278)

Frage: Wenn gesagt wird: der Verleger bedroht nicht die Freiheit der Redaktion — er schützt sie: würden Sie da zustimmen oder nicht zustimmen?

	Redakteure	Chefredakteure
es stimmen zu	27	69 (%)
es stimmen nicht zu	46	18
andere oder keine		
Angaben	27	13

Frage: Würden Sie eine stärker als bisher in einem Statut verankerte Mitbestimmung aller Redakteure bei redaktionellen Entscheidungen gut finden oder nicht gut finden?

	Redakteure	Chefredakteure
fänden gut	88	38 (%)
fänden nicht gut	10	51
andere oder keine		
Angaben	2	11

(Umfrage von 1970, Allensbacher Presse-Enquete) (S. 281)

Auszüge aus dem STERN-Statut:

...

2.   Kein Redakteur oder Mitarbeiter des STERN darf gezwungen werden, etwas gegen seine Überzeugung zu tun, zu schreiben oder zu verantworten. Aus seiner Weigerung darf ihm kein Nachteil entstehen.

3.   Die Interessen der Redaktion nimmt ein Beirat aus sieben Redaktionsmitgliedern wahr, der jährlich in geheimer Wahl bestimmt wird. Auf Antrag von 30 Redaktionsmitgliedern muß eine Neuwahl des Beirats stattfinden. Wählbar ist jedes Redaktionsmitglied. Abstimmungsberechtigt ist, wer länger als ein halbes Jahr der STERN-Redaktion angehört.

4.   (...) Vor einer Veränderung der Besitzverhältnisse muß der Redaktionsbeirat informiert und gehört werden.

5.   Den Chefredakteur bestimmt der Verleger. (...) Der Verlag wird einen Chefredakteur nicht berufen oder abberufen, wenn der Redaktionsbeirat mit zwei Dritteln seiner Stimmen widerspricht. Er muß seine Stellungnahme begründen.

6.   Personelle Entscheidungen innerhalb der Redaktion trifft der Chefredakteur. (...)
(S. 279)

Auf Einspruch der Mitgliederschaft der Journalistenorganisation nicht zustande gekommener Vertrag zwischen BDZV (Bund deutscher Zeitungsverleger) und Redakteuren vom 17. Juni 1970:
In § 3, wo das Recht des Verlegers formuliert ist, für alle Redakteure verbindlich die Grundhaltung der Zeitung festzulegen, heißt es dann: Treten Fragen von grundsätzlicher Bedeutung neu auf,

so erfolgt ihre Klärung unter Wahrung der grundsätzlichen publizistischen Haltung der Zeitung durch den Verleger nach Absprache mit dem Chefredakteur und den zuständigen Redakteuren. Die Entscheidung liegt also beim Verleger. (...) Der von den Verlegern mit Vorliebe gebrauchte Begriff ‚individuelle Eigenart der Zeitung‘, im Zeichen der Monopolisierung der Presse ein glatter Anachronismus, drückt die ganze Dreistigkeit aus, mit der Springer oder Kapfinger ihren Herrschaftsanspruch vertreten zu können glauben. (E. Spoo (Hrsg.), Die Tabus der bundesdeutschen Presse, München 1971, S. 131/2)

Pressefreiheit ist die Freiheit von zweihundert reichen Leuten, ihre Meinung zu verbreiten. (Paul Sethe, 1965, nach Fischer Lexikon, S; 280)

Problem: Pressefreiheit

Exzerpt: Pressekonzentration, hrsg. v. Aufermann, Heilmann, Hüppauf, Müller, Nevelig, Wersig, München 1971

Folgen der Pressekonzentration

3.1. Folgen für die Konkurrenten

... Neben einer Reihe von den Wettbewerb kontrollierenden Unternehmen, die den Markt stillschweigend aufgeteilt haben und auch kaum Aktionen unternehmen, um die Machtverteilung innerhalb des Marktes zu verändern, werden eine Reihe von kleineren Anbietern geduldet, die zwar keine echten Konkurrenten sind, aber eben gerade gegenüber den Kritikern des konzentrierten Marktes ein vorzügliches Alibi darstellen. ... Diese Mitanbieter werden aber nicht derart geduldet, daß sie in dem ihnen zugestandenen Marktflecken sich vollständig frei bewegen können. Der Konzentrationär, d.h. das marktbeherrschende Unternehmen, hat jederzeit die Macht, die geduldeten Mitanbieter aus dem Markt herauszudrängen. ... Diese Macht, die der Konzentrationär z. T. durch seine Beziehungen zu den Partnern in den anderen Marktsegmenten gewinnt, kann er jederzeit einsetzen, wenn einer der geduldeten Mitanbieter einen gewissen Spielraum, den der Konzentrationär eingeräumt hat, verläßt. Da ein Unternehmen immer von einer gewissen Weltanschauung her ausgehen muß – insbesondere im Pressemarkt, in dem Kommunikationsinhalte angeboten werden, um ein zeitlich unbegrenztes Kommunikationssystem aufzubauen, wodurch eine gewisse Konsistenz der Kommunikationsinhalte notwendig wird –, wird der Freiheitsraum, den der Konzentrationär beim geduldeten Mitanbieter toleriert von eben jener Grundeinstellung begrenzt. Damit wird ein faktisches Monopol geschaffen, bei dem es eigentlich uninteressant ist, ob ein Blatt dem Konzentrationär gehört oder nicht, da die einzelnen Blätter ohnehin nur das schreiben, was im tolerierten Varianzbereich liegt. Damit dieses faktische Monopol aber nicht augenfällig wird, streben die Anbieter eine Differenzierung ihrer Produkte an, die die zugrundeliegende gemeinsame Grundeinstellung verdecken soll. Dazu ist auch der tolerierte Mitanbieter gezwungen, denn für ihn ist es lebenswichtig, daß der Rezipient ihn nicht mit dem Konzentrationär identifiziert. Diese Differenzierung wird im wesentlichen mit den gleichen Mitteln erreicht, die im Konsumgütermarkt lange bekannt sind, wo es auch oft darum geht, materiell kaum variierende Produkte voneinander abzuheben (z.B. durch Zuschreiben sozialer Werte, Aufbau eines „Image" usw.) Diese Oberflächendifferenzierung dient dann einerseits wieder als Werbeargument, denn durch die Differenzierung an der Oberfläche erscheinen die Produkte einander nicht mehr so leicht substituierbar (und sind es subjektiv nicht mehr, wenn die Differenzierung internalisiert ist), zum anderen verstärkt sich das Alibi für den Konzentrationär.

Horst Holzer

aus: Politik in Massenmedien — Zum Antagonismus von Presse und Gewerbefreiheit. In: Kritik 4, Manipulation der Meinungsbildung, Opladen 1971.

Die beherrschende Position, die sich der Springer-Konzern, aber auch die Verlagsgruppen Bauer, Gruner & Jahr, Ganske und Burda auf dem Pressemarkt der Bundesrepublik nach und nach gesichert haben, gab Anlaß zu den Fragen: Ist angesichts der zunehmenden Tendenz zur Oligopolisierung und Monopolisierung der kapitalistischen Ökonomie eine Verknüpfung von Gewerbe- und Pressefreiheit zugunsten letzterer überhaupt noch möglich? Muß die Idee des mündigen Bürgers (was immer das sein mag) nicht gerade deshalb eine Fiktion bleiben, weil informierte Demokratie und kapitalistische Produktion von Information eben nicht zusammengehen? Und schließlich: Wessen Bedürfnisse und Interessen sind es eigentlich, die das Kommunikationssystem der Bundesrepublik steuern, und wie läuft diese Steuerung konkret ab? " (S. 68)

Diese Lesermärkte sollen nämlich wiederum zweierlei garantieren: die Steigerung des Umsatzes und damit der Vertriebserlöse sowie — und das macht den Kern der Sache aus — die Entwicklung einer starken Stellung gegenüber der Werbebranche und damit die Zunahme der Anzeigenerlöse. Auf die Konsequenzen gerade dieses Tatbestandes für die Marktpolitik der Verlage, vor allem der Verlage der Massenpresse, ist nachdrücklich hingewiesen worden. ‚Da die Größe des Werbeauftrages und der Preis für den Annoncenplatz ... davon abhängen, wie groß die Verbreitung des Werbeträgers ist ..., sind die Medien gezwungen, so viele Bevölkerungsschichten wie nur möglich anzusprechen. Das hat Folgen für die innere Struktur der Medien, für die politischen und intellektuellen Kriterien ihrer Arbeit und die Informationsgebung'. (Christoph Theodor Wagner: Die katholische Kirche, in: Handbuch für die Öffentlichkeitsarbeit, PR, Ergänzungslieferung Nr.14 vom 31. Okt. 1969 (Neuwied 1969), S. 19 – 36). (S. 69)

Aus alledem wird deutlich, daß die privatwirtschaftlich organisierten wie die öffentlich-rechtlich etablierten Institutionen der Massenkommunikation mehr oder minder deutlich unter der Herrschaft des Kapitals stehen und somit unter der Herrschaft derer, die über das Kapital (und dadurch in profitorientierter Weise über die vorhandenen wie gesellschaftlich möglichen Produktivkräfte) verfügen respektive diese Verfügung politisch absichern." (S. 70)

Heiner Schäfer

aus: Schichten- und gruppenspezifische Manipulation in der Massenpresse, in: Brokmeier, Kapitalismus und Pressefreiheit, Frankfurt 1969

Je mehr die Einkünfte der Zeitungs- und Zeitschriftenverlage aus dem Anzeigengeschäft und nicht aus dem Verkaufserlös kommen, desto mehr werden Gestalt und Inhalt ihrer Produkte von ihrer Funktion als „Werbeträger" abhängig.

Die Anzeigenkunden wünschen außer einer möglichst hohen Auflage auch einen redaktionellen Teil, der den Anzeigen eine große Wirksamkeit garantiert. In allen Leseranalysen des Springerverlags wird deshalb die „Aufgeschlossenheit" der Leser für die Werbung betont. Wenn heute im Publikationswesen ein neuer Markt erschlossen wird, so heißt das, daß dort nicht nur die Zeitung oder Zeitschrift, sondern vor allem auch die in ihr inserierten Güter abgesetzt werden sollen. Die Zeitungs- und Zeitschriftenproduzenten wollen zweierlei erreichen: Dem Wunsch der Anzeigenkunden gemäß eine möglichst effektive Basis für Reklame geschaffen werden, auch wenn die Leser einer einkommensschwachen Schicht angehören, andererseits müssen in gewissen Grenzen die Bedürfnisse der Leser erfüllt werden, damit diese die Publikation auch weiterhin kaufen – ein objektiv nicht zu lösender Widerspruch. Eine der beiden Aufgaben kann nur scheinbar erfüllt werden. Um das Resultat der Analyse schon vorweg zu nennen: Die Presseproduzenten befriedigen nicht die objektiven Bedürfnisse der Leser, sondern jene, die aus ihrem ideologischen Bewußtsein resultieren. Damit bestätigen sie, ja verstärken sie dieses Bewußtsein. (S. 64)

Zur Anatomie der kapitalistischen Gesellschaft

(zusammengestellt von Renate Faust; bibliografische Angaben der zitierten Literatur befinden sich im Text)

I. Phänomenologie

Bundesrepublikanische Wirklichkeit:

„ In der *konzentrierten* und sich weiter konzentrierenden *Wirtschaft* (die Polarisierung der Einkommens- und Vermögensverteilung und die zunehmende Kapitalkonzentration in der Bundesrepublik haben den Wettbewerb selbständiger Unternehmer tendenziell beseitigt ... S. 109) wird durch den Fortfall der als Kontrollinstanzen ausgegebenen Verschleierungsmechanismen Wettbewerb und Eigentumsrecht offensichtlich, daß die Steuerung aller wirtschaftlichen Prozesse vom und im Interesse des *privatkapitalistischen Grundverhältnisses* erfolgt, und dies um so mehr, als sich die Grundverhältnisse selbst in den Extremformen der Marktbeherrschung durch Großunternehmen manifestieren." S. 104

aus: J. Huffschmid, Die Politik des Kapitals. Konzentration und Wirtschaftspolitik in der Bundesrepublik, Frankfurt, Suhrkamp, 4. Aufl. 1970)

Monopolistisch und oligopolistisch organisierter Kapitalismus.

II. Elementarform Ware

„Der Reichtum der Gesellschaften, in welchen kapitalistische Produktionsweise herrscht, erscheint als eine „ungeheure Warensammlung', die einzelne *Ware als seine Elementarform.* Unsere Untersuchung beginnt daher mit der Analyse der Ware. S. 49

Jedes nützliche Ding, wie Eisen, Papier usw., ist unter doppeltem Gesichtspunkt zu betrachten, nach Qualität und Quantität. S. 49
Sie sind jedoch nur Waren, weil Doppeltes, Gebrauchsgegenstände und zugleich Wertträger. S. 62
Die *Nützlichkeit* eines Dings macht es zum *Gebrauchswert* ... Gebrauchswerte bilden den stofflichen Inhalt des Reichtums, welches immer seine gesellschaftliche Form sei. In der von uns zu betrachtenden Gesellschaftsform bilden sie zugleich die stofflichen Träger des Tauschwerts.
Der *Tauschwert* erscheint zunächst als das *quantitative Verhältnis,* die Proportion, worin sich Gebrauchswerte einer Art gegen Gebrauchswerte anderer Art austauschen, ein Verhältnis, das beständig mit Zeit und Ort wechselt." S. 50

aus: Marx, Das Kapital, Bd. I, MEW Bd. 23, Berlin, Dietz Verlag

III. Zur historischen Entwicklung der kapitalistischen Gesellschaft

Unter den Bedingungen der *einfachen Warenproduktion* besitzt
jeder Produzent seine *eigenen* Produktionsmittel und Produktions-
stätten und arbeitet mit und in diesen ... Der Produzent verkauft
also seine Produkte, um andere Produkte einkaufen zu können,
die seine *Bedürfnisse befriedigen*. Er beginnt mit Waren, verwandelt sie in Geld und tauscht dafür wieder Waren ein – dies deshalb, weil die erworbenen Waren für ihn Gebrauchswert besitzen ...
Wir finden diese Produktionsweise als vorherrschende im Mittel-
alter und der beginnenden ‚Neuzeit‘.

Das Aufkommen des Welthandels im 16. Jahrhundert schafft jedoch eine völlig neue Situation: enorme Reichtümer fließen den
europäischen Kolonialländern zu, die Nachfrage nach Waren ver-
größert sich. Diesen neuen Anforderungen zeigt sich die einfache
Warenproduktion sehr bald nicht mehr gewachsen .... (Sie, R.F.)
muß daher abgelöst werden, und sie wird abgelöst durch eine qualitativ höhere Stufe der Produktion – den Kapitalismus.“ S. 50
aus: Schöbel, Schützendorf, Wagner, Zum Verhältnis von Produktion und
     Ausbildung, in: Ästhetik und Kommunikation 4, Oktober 1971

„Das Kapitalverhältnis setzt die Scheidung zwischen den Arbei-
tern und dem Eigentum an den Verwirklichungsbedingungen der
Arbeit voraus. Sobald die kapitalistische Produktion einmal auf
eigenen Füssen steht, erhält sie nicht nur jene Scheidung, sondern
reproduziert sie auf stets wachsender Stufenleiter. Der *Prozeß,
der das Kapitalverhältnis schafft, kann also nichts anderes sein,
als der Scheidungsprozeß des Arbeiters vom Eigentum an seinen
Arbeitsbedingungen,* ein Prozeß, der einerseits die gesellschaftlichen Lebens- und Produktionsmittel in Kapital verwandelt, andererseits die unmittelbaren Produzenten in *Lohnarbeiter.*“S.278
aus: K. Marx, Das Kapital, Bd. I

IV. Das spezifische der kapitalistischen Gesellschaft:
    die kapitalistische *Produktion* = Mehrwertproduktion

a)   Kapital als gesellschaftliches Produktionsverhältnis
„Das Kapital besteht aus Rohstoffen, Arbeitsinstrumenten und
Lebensmitteln aller Art, die verwandt werden, um neue Rohstof-
fe, neue Arbeitsinstrumente und neue Lebensmittel zu erzeugen.
Alle diese seine Bestandteile sind Geschöpfe der Arbeit, Produk-
te der Arbeit, aufgehäufte Arbeit. Aufgehäufte Arbeit, die als
Mittel zu neuer Produktion dient, ist Kapital.
In der Produktion wirken die Menschen *nicht allein auf die Natur,*

sondern *auch aufeinander.* Sie produzieren nur, indem sie auf eine bestimmte Weise zusammenwirken und ihre Tätigkeiten gegeneinander austauschen. Um zu produzieren, treten sie in bestimmte Beziehungen und Verhältnisse zueinander, und nur innerhalb dieser gesellschaftlichen Beziehungen und Verhältnisse findet ihre Einwirkung auf die Natur, findet die Produktion statt. S. 35

Je nach dem Charakter der Produktionsmittel werden natürlich diese *gesellschaftlichen Verhältnisse,* worin die Produzenten zueinander treten, die Bedingungen, unter welchen sie ihre Tätigkeiten austauschen und an dem Gesamtakt der Produktion teilnehmen, *verschieden* sein. ...
Die gesellschaftlichen Verhältnisse, worin die Individuen produzieren, die gesellschaftlichen *Produktionsverhältnisse* ändern sich also, verwandeln sich mit der Veränderung und Entwicklung der materiellen Produktionsmittel, der Produktivkräfte.*
Die Produktionsverhältnisse in ihrer Gesamtheit bilden das, was man die gesellschaftlichen Verhältnisse, die Gesellschaft nennt, und zwar eine Gesellschaft auf bestimmter, geschichtlicher Entwicklungsstufe, eine Gesellschaft mit eigentümlichem, unterscheidendem Charakter. ...
Auch das *Kapital* ist ein gesellschaftliches Produktionsverhältnis. Es ist ein *bürgerliches* Produktionsverhältnis, ein Produktionsverhältnis der bürgerlichen Gesellschaft. ... S. 36

Das Kapital besteht nicht nur aus Lebensmitteln, Arbeitsinstrumenten und Rohstoffen, nicht nur aus materiellen Produkten; es besteht ebensosehr aus Tauschwerten. Alle Produkte, woraus es besteht, sind Waren. Das Kapital ist also nicht nur eine Summe von materiellen Produkten, es ist eine *Summe von Waren,* von *Tauschwerten,* von gesellschaftlichen Größen." S. 37
aus: K. Marx, Lohnarbeit und Kapital, Berlin, Dietz Verlag, 11. Aufl. 1970

b)   Kapitalistische Produktion als Mehrwertproduktion
„Wie nun wird eine Summe von Waren, von Tauschwerten zu Kapital?
Dadurch, daß sie als selbständige gesellschaftliche Macht, d.h. als die Macht eines Teils der Gesellschaft sich erhält und vermehrt durch den Austausch gegen die unmittelbare, lebendige Arbeitskraft. Die *Existenz einer Klasse, die nichts besitzt als die Arbeits-*

---

*   „Produktivkraft ist natürlich stets Produktivkraft nützlicher, konkreter Arbeit ..." K. Marx, Kapital I, S. 60

86

fähigkeit, ist eine notwendige Voraussetzung des Kapitals. ...
Was geht vor in dem Austausch zwischen Kapitalist und Lohnarbeiter?
Der Arbeiter erhält im Austausch gegen seine Arbeitskraft *Lebensmittel,* aber der Kapitalist erhält im Austausch gegen seine
Lebensmittel Arbeit, die produktive Tätigkeit des Arbeiters, die
schöpferische Kraft, wodurch der Arbeiter nicht nur ersetzt,
was er verzehrt, sondern der aufgehäuften Arbeit einen größeren
Wert gibt, als sie vorher besaß." S. 38
aus: K. Marx, Lohnarbeit und Kapital

„Der *Wert der Arbeitskraft* ist bestimmt durch das zu ihrer Er-
haltung oder *Reproduktion notwendige Arbeitsquantum,* aber
die Nutzung dieser Arbeitskraft ist nur begrenzt durch die aktiven Energien und die Körperkraft des Arbeiters. Der Tages- oder
Wochenwert der Arbeitskraft ist durchaus *verschieden von der*
täglichen oder wöchentlichen *Betätigung dieser Kraft,* genauso
wie das Futter, dessen ein Pferd bedarf, durchaus verschieden ist
von der Zeit, die es den Reiter tragen kann. ...
Durch die Bezahlung des Tages- oder Wochenwerts der Arbeitskraft des Spinners hat nun aber der Kapitalist das Recht erwor-
ben, diese Arbeitskraft während des ganzen Tages oder der ganzen Woche zu nutzen. ... Über die zum Ersatz seines Arbeitslohns
oder des Werts seiner Arbeitskraft erheischten 6 Stunden hinaus
wird er daher noch 6 Stunden zu arbeiten haben, die ich Stunden der *Mehrarbeit* nennen will, welche Mehrarbeit sich verge-
genständlichen wird in einem *Mehrwert* und einem *Mehrprodukt."*
S. 196
aus: K. Marx, Lohn, Preis, Profit, in: Studienausgabe Marx-Engels, Bd. II,
    Politische Ökonomie, Frankfurt, Fischer 1966

V. Die Auswirkungen der Tauschwert-Dominanz auf die Bedürfnisstruktur (einfache Warenproduktion, Frühkapitalismus, *Spätka-
pitalismus.)*

„Im Kapitalismus befindet sich das Eigentum an Produktionsmitteln in den Händen einer Minderheit von Kapitalisten, während
die Arbeit von Lohnarbeitern geleistet wird, die gezwungen sind,
ihre Arbeitskraft zu verkaufen. Sowohl die Produktionsmittel als
auch die *Arbeitskraft* sind zu *Waren* geworden, d.h. sind beide
Objekte des Tausches und daher *von Tauschwert."* S. 51
aus: Schöbel, Schützendorf, Wagner, Zum Verhältnis von Produktion und
    Ausbildung

„Dem einen gilt die Ware als Lebensmittel, dem anderen das *Leben als Verwertungsmittel.* "

aus: Haug, Kritik der Warenästhetik, Frankfurt, Suhrkamp 1971, S. 16

„Die einfache Warenzirkulation – der Verkauf für den Kauf – dient zum Mittel für einen außerhalb der Zirkulation liegenden Endzweck, die Aneignung von Gebrauchswerten, die Befriedigung von Bedürfnissen. Die Zirkulation des Geldes als Kapital ist dagegen Selbstzweck ... Der Gebrauchswert ist nie der unmittelbare Zweck des Kapitalisten. Auch nicht der einzelne Gewinn, sondern nur die *rastlose Bewegung des Gewinns.* "

aus: K. Marx, Das Kapital, Bd. I, S. 167

„Jedes Produkt privater Warenproduktion ‚ist ein Köder, womit man das Wesen des andern‘, wie es für den Tauschwertstandpunkt allein zählt, ‚sein Geld an sich locken will‘. Andererseits ist ‚jedes wirkliche oder mögliche *Bedürfnis*‘ des sinnlichen Menschen ‚eine *Schwachheit,* die die Fliege an die Leimstange heranführen wird‘. Wo immer eine Not, ein Bedürfnis, ein Bedarf, da bietet ein Warenbesitzer ‚mit liebenswürdigstem Schein‘ seinen ‚Liebesdienst‘ an, um alsbald die Rechnung zu präsentieren.

aus: Haug, Kritik der Warenästhetik, S. 18

„War im frühen Kapitalismus nur die *Form* der Bedürfnisse als partikularisierter Individualbedürfnisse durch die führende Rolle der selbständigen Unternehmer bestimmt, während konkrete Inhalte sich im Mechanismus des Wettbewerbs noch vielfältig verwirklichen ließen, so werden jetzt im Zeitalter der Konzerne, der Serienproduktion und des Massenkonsums die Bedürfnisse selbst in ihrer jeweiligen *inhaltlichen Gestalt* in den Unternehmen *geplant,* geweckt und realisiert."

aus: J. Huffschmid, Die Politik des Kapitals, S. 104

MEDIENTHEORIE

Karl Marx/Friedrich Engels aus MEW, Bd.3, Berlin 1969, S. 46/47

Die Gedanken der herrschenden Klasse sind in jeder Epoche die herrschenden Gedanken, d.h. die Klasse, welche die herrschende *materielle* Macht der Gesellschaft ist, ist zugleich ihre herrschende *geistige* Macht. Die Klasse, die die Mittel zur materiellen Produktion zu ihrer Verfügung hat, disponiert damit zugleich über die Mittel zur geistigen Produktion, so daß ihr damit zugleich im Durchschnitt die Gedanken derer, denen die Mittel zur geistigen Produktion abgehen, unterworfen sind. Die herrschenden Gedanken sind weiter Nichts als der ideelle Ausdruck der herrschenden materiellen Verhältnisse, die als Gedanken gefaßten materiellen Verhältnisse; also der Verhältnisse, die eben die eine Klasse zur herrschenden machen, also die Gedanken ihrer Herrschaft. Die Individuen, welche die herrschende Klasse ausmachen, haben unter Anderm auch Bewußtsein und denken daher; insofern sie also als Klasse herrschen und den ganzen Umfang einer Geschichtsepoche bestimmen, versteht es sich von selbst, daß sie dies in ihrer ganzen Ausdehnung tun, also unter Andern auch als Denkende, als Produzenten von Gedanken herrschen, die Produktion und Distribution der Gedanken ihrer Zeit regeln; daß also ihre Gedanken die herrschenden Gedanken der Epoche sind. Zu einer Zeit z.B. und in einem Lande, wo königliche Macht, Aristokratie und Bourgeoisie sich um die Herrrschaft streiten, wo also die Herrschaft geteilt ist, zeigt sich als herrschender Gedanke die Doktrin von der Teilung der Gewalten, die nun als ein „ewiges Gesetz" ausgesprochen wird.

Die Teilung der Arbeit, die wir schon oben (...) als eine der Hauptmächte der bisherigen Geschichte vorfanden, äußert sich nun auch in der herrschenden Klasse als Teilung der geistigen und materiellen Arbeit, so daß innerhalb dieser Klasse der eine Teil als Denker dieser Klasse auftritt (die aktiven konzeptiven Ideologen derselben, welche die Ausbildung der Illusion dieser Klasse über sich selbst zu ihrem Hauptnahrungszweige machen), während die Andern sich zu diesen Gedanken und Illusionen mehr passiv und rezeptiv verhalten, weil sie in der Wirklichkeit die aktiven Mitglieder dieser Klasse sind und weniger Zeit dazu haben, sich Illusionen und Gedanken über sich selbst zu machen. Innerhalb dieser Klasse kann diese Spaltung derselben sich sogar zu einer gewissen Entgegensetzung und Feindschaft beider Teile entwickeln, die aber bei jeder praktischen Kollision, wo die Klasse selbst gefährdet ist, von selbst wegfällt, wo denn auch der Schein verschwindet, als wenn die herrschenden

Gedanken nicht die Gedanken der herrschenden Klasse wären und eine von der Macht dieser Klasse unterschiedene Macht hätten. Die Existenz revolutionärer Gedanken in einer bestimmten Epoche setzt bereits die Existenz einer revolutionären Klasse voraus (...).

Löst man nun bei der Auffassung des geschichtlichen Verlaufs die Gedanken der herrschenden Klasse von der herrschenden Klasse los, verselbständigt man sie, bleibt dabei stehen, daß in einer Epoche diese und jene Gedanken geherrscht haben, ohne sich um die Bedingungen der Produktion und um die Produzenten dieser Gedanken zu bekümmern, läßt man also die den Gedanken zugrunde liegenden Individuen und Weltzustände weg, so kann man z.B. sagen, daß während der Zeit, in der die Aristokratie herrschte, die Begriffe Ehre, Treue etc., während der Herrschaft der Bourgeoisie die Begriffe Freiheit, Gleichheit etc. herrschten. Die herrschende Klasse selbst bildet sich dies im Durchschnitt ein. Diese Geschichtsauffassung (...) wird notwendig auf das Phänomen stoßen, daß immer abstraktere Gedanken herrschen, d.h. Gedanken, die immer mehr die Form der Allgemeinheit annehmen. Jede neue Klasse nämlich, die sich an die Stelle einer vor ihr herrschenden setzt, ist genötigt, schon um ihren Zweck durchzuführen, ihr Interesse als das gemeinschaftliche Interesse aller Mitglieder der Gesellschaft darzustellen, d.h. ideell ausgedrückt: ihren Gedanken die Form der Allgemeinheit zu geben, sie als die einzig vernünftigen, allgemein gültigen darzustellen.

Theodor W. Adorno

aus: Résumé über Kulturindustrie, in: ders., Ohne Leitbild. Parva Aesthetica, Frankfurt 1970[4], S. 60/61/62, 66, 67, 70

Das Wort Kulturindustrie dürfte zum ersten Mal in dem Buch ‚Dialektik der Aufklärung' verwendet worden sein, das Horkheimer und ich 1947 in Amsterdam veröffentlichten. In unseren Entwürfen war von Massenkultur die Rede. Wir ersetzten den Ausdruck durch ‚Kulturindustrie', um von vornherein die Deutung auszuschalten, die den Anwälten der Sache genehm ist: daß es sich um etwas wie spontan aus den Massen selbst aufsteigende Kultur handele, um die gegenwärtige Gestalt von Volkskunst. Von einer solchen unterscheidet Kulturindustrie sich aufs äußerste. (...) Kulturindustrie ist willentliche Integration ihrer Abnehmer von oben. (...) (S. 60).

Die Kulturwaren der Industrie richten sich, wie Brecht und Suhrkamp schon vor dreißig Jahren aussprachen, nach dem Prinzip ihrer Verwertung, nicht nach dem eigenen Gehalt und seiner stimmigen Gestaltung. Die gesamte Praxis der Kulturindustrie überträgt das Profitmotiv blank auf die geistigen Gebilde. (...) Die Autonomie der Kunstwerke, die freilich kaum je ganz rein herrschte und stets von Wirkungszusammenhängen durchsetzt war, wird von der Kulturindustrie tendenziell beseitigt, mit oder ohne den bewußten Willen der Verfügenden. Diese sind sowohl Vollzugsorgane wie Machthaber. Ökonomisch sind oder waren sie auf der Suche nach neuen

Verwertungsmöglichkeiten des Kapitals in den wirtschaftlich entwickeltesten Ländern. Die alten werden immer prekärer durch den gleichen Konzentrationsprozeß, der seinerseits die Kulturindustrie als allgegenwärtige Einrichtung allein ermöglicht. Kultur, die dem eigenen Sinn nach nicht bloß dem Menschen zu Willen war, sondern immer auch Einspruch erhob gegen die verhärteten Verhältnisse, unter denen sie leben, und die Menschen dadurch ehrte, wird, indem sie ihnen gänzlich sich angleicht, in die verhärteten Verhältnisse eingegliedert und entwürdigt die Menschen noch einmal. (S.61/62).

Was überhaupt ohne Phrase Kultur konnte genannt werden, wollte als Ausdruck von Leiden und Widerspruch die Idee eines richtigen Lebens festhalten, nicht aber das bloße Dasein, und die konventionellen und unverbindlich gewordenen Ordnungskategorien, mit denen die Kulturindustrie es drapiert, darstellen, als wäre es richtiges Leben und jene Kategorien sein Maß. (S. 66)

Die Ordnungsbegriffe, die sie einhämmert, sind allemal solche des status quo. Sie werden unbefragt, unanalysiert, undialektisch unterstellt, auch wenn sie keinem derjenigen mehr substantiell sind, die sie sich gefallen lassen. Der kategorische Imperativ der Kulturindustrie hat, zum Unterschied vom Kantischen, mit der Freiheit nichts mehr gemein. Er lautet: du sollst dich fügen, ohne Angabe worein; fügen in das, was ohnehin ist, und in das, was, als Reflex auf dessen Macht und Allgegenwart, alle ohnehin denken. Anpassung tritt kraft der Ideologie der Kulturindustrie anstelle von Bewußtsein: nie wird die Ordnung, die aus ihr herausspringt, dem konfrontiert, was sie zu sein beansprucht, oder den realen Interessen der Menschen. Ordnung aber ist nicht an sich ein Gutes. Sie wäre es einzig als richtige. Daß die Kulturindustrie darum nicht sich kümmert; daß sie Ordnung in abstracto anpreist, bezeugt nur die Ohnmacht und Unwahrheit der Botschaften, die sie übermittelt. (S. 67)

Werden die Massen zu Unrecht, von oben her als Massen, geschmäht, so ist es nicht zum letzten die Kulturindustrie, die sie zu den Massen macht, die sie dann verachtet, und sie an der Emanzipation verhindert, zu der die Menschen selbst so reif wären, wie die produktiven Kräfte des Zeitalters sie erlaubten. (S. 70)

Hans Magnus Enzensberger
aus: Bewußtseins-Industrie, in: ders., Einzelheiten I. Bewußtseins-Industrie, Frankfurt 1971[7], S. 8, 9, 10, 11, 12, 13, 14/15, 16, 17. (Text: S. 92)

Die Bewußtseins-Industrie ist ein Kind der letzten hundert Jahre. ... Die Natur der sogenannten Massenmedien kann aber von ihren technologischen Voraussetzungen und Bedingungen her nicht erschlossen werden.

Ebensowenig deckt der Name Kulturindustrie, mit dem man sich bislang beholfen hat, die Sache. Er ist einer Augentäuschung ihrer Kritiker zuzuschreiben, die sich's haben gefallen lassen, daß die Gesellschaft sie kurzerhand dem sogenannten Kulturleben zurechnet, daher sie den fatalen Namen Kulturkritiker tragen; nicht selten auch noch vergnügt und stolz darauf, daß ihnen derart ihre Harmlosigkeit bescheinigt, ihr Geschäft zur Sparte gemacht wird. (S. 8)

Er (der Name Kulturindustrie, d.V.) verharmlost die Erscheinung und verdunkelt die gesellschaftlichen und politischen Konsequenzen, die sich aus der industriellen Vermittlung und Veränderung von Bewußtsein ergeben. (S. 9)

Die Bewußtseins-Industrie wird uns schon in der allernächsten Zukunft nötigen, von ihr als einer radikal neuen, mit den Maßen ihrer Anfänge nicht mehr zu bestimmenden, rapide zunehmenden Macht Notiz zu nehmen. Sie ist die eigentliche Schlüsselindustrie des zwanzigsten Jahrhunderts. Wo immer heute ein hochentwickeltes Land okkupiert oder befreit wird, wo immer es zu einem Staatsstreich, einer Revolution einem Umsturz kommt, bemächtigt sich das neue Regime nicht mehr zuallererst der Straße und der schwerindustriellen Zentren, sondern der Sender, der Druckerein und der Fernmeldeämter. Während die Manager und Experten der Schwer- und der Konsumgüterindustrie sowie der öffentlichen Dienste ihre Positionen im allgemeinen behaupten können, werden die Funktionäre der Bewußtseins-Industrie unverzüglich ausgewechselt. In diesen extremen Lagen wird ihre Schlüsselstellung sichtbar.

Vier Bedingungen ihrer Existenz lassen sich auf den ersten Blick ausfindig und abgekürzt namhaft machen:

1. Aufklärung, im weitesten Sinn, ist die philosophische Voraussetzung aller Bewußtseins-Industrie. Sie ist auf den mündigen Menschen auch dort noch angewiesen, wo sie seine Entmündigung betreibt. (S. 10)

2. Die politische Voraussetzung der Bewußtseins-Industrie ist die Proklamation (nicht die Verwirklichung) der Menschenrechte, insbesondere der Gleichheit und der Freiheit. ....

3. Ökonomisch geht ihrer Entwicklung die primäre Akkumulation voraus. Unter frühkapitalistischen (oder analogen) Bedingungen, das heißt, solange Arbeiter und Bauern vom Ertrag ihrer Arbeit nur das nackte Dasein fristen können, ist Bewußt-

seins-Industrie nicht möglich, auch nicht erforderlich. In diesem Stadium setzt der unverhüllte ökonomische Zwang die Fiktion, als hätte das Proletariat über seine eigene Verfassung zu entscheiden, völlig außer Kraft; zur Unterhaltung der herrschenden Minorität genügen aber vorindustrielle Verfahren der Bewußtseinsvermittlung. Erst wenn die Grundstoffindustrie aufgebaut und die massenhafte Herstellung von Konsumgütern gesichert ist, kann sich die Bewußtseins-Industrie entfalten. ... Ihr steigender Lebensstandard bei sinkender Arbeitszeit erlaubt ihnen erst, Bewußtsein in einem andern als dem dumpfsten Sinn zu haben. (S. 11)

4.   Der ökonomische Prozeß der Industrialisierung bringt die letzten, nämlich die technologischen Voraussetzungen, ohne die Bewußtsein industriell nicht induziert werden kann, gleichsam von selber mit. ... Daraus folgt: jede Kritik an der Bewußtseins-Industrie, die deren Abschaffung fordert, ist hilf- und sinnlos. Sie läuft auf den selbstmörderischen Vorschlag hinaus, Industrialisierung überhaupt rückgängig zu machen, zu liquidieren. (S. 12)

Jede Kritik der Bewußtseins-Industrie, die nur auf ihre kapitalistische Variante gemünzt ist, zielt zu kurz und verfehlt, was an ihr radikal neu und eigentümlich, was ihre eigentliche Leistung ist. Darüber entscheidet nicht oder nicht in erster Linie das gesellschaftliche System, das sich ihrer bedient; auch nicht, ob sie in staatlicher, öffentlicher oder privater Regie betrieben wird, sondern ihr gesellschaftlicher Auftrag. Er ist heute, mehr oder weniger ausschließlich, überall derselbe: die existierenden Herrschaftsverhältnisse, gleich welcher Art sie sind, zu verewigen. (S. 13)

Wer Herr und wer Knecht ist, das entscheidet sich nicht daran, wer über Kapital, Fabriken und Waffen, sondern auch, je länger je deutlicher, daran, wer über das Bewußtsein der anderen verfügen kann. (S. 14)

Materielle Ausbeutung muß hinter der immateriellen Deckung suchen und die Zustimmung der Beherrschten mit neuen Mitteln erwirken. Die Akkumulation von politischer Macht läuft der von Reichtümern den Rang ab. Gepfändet wird nicht mehr bloß Arbeitskraft, sondern die Fähigkeit zu urteilen und sich zu entscheiden. Abgeschafft wird nicht Ausbeutung, sonderen deren Bewußtsein. Es beginnt die Elimination von Alternativen im industriellen Maßstab, einerseits durch Verbot, Zensur, Staatsmonopol auf alle Produktionsmittel der Bewußtseins-Industrie, andererseits durch „Selbstkontrolle" und ökonomischen Druck. An die Stelle der materiellen tritt eine immaterielle Verelendung, die sich am deutlichsten im Schwinden politischer Möglichkeiten des einzelnen ausdrückt: einer Masse von politischen Habenichtsen, über deren Köpfe hinweg sogar der kollektive Selbstmord beschlossen werden kann, steht eine immer kleinere Anzahl von politisch Allmächtigen gegenüber. Daß dieser Zustand von der Majorität hingenommen und freiwillig ertragen wird, ist heute die wichtigste Leistung der Bewußtseins-Industrie. (S. 14/15)

Verloren wäre auch, wer sich aus Widerwillen vor den industriellen Apparaten ins vermeintlich Exklusive zurückzöge, da die industriellen Muster längst bis in die Veranstaltungen der Konventikel durchschlagen. Überhaupt bleibt zwischen Unbestechlichkeit und Defaitismus zu unterscheiden. Es handelt sich nicht darum, die Bewußtseins-Industrie ohnmächtig zu verwerfen, sondern darum, sich auf ihre gefährliches Spiel einzulassen. Dazu gehören neue Kenntnisse, dazu gehört eine Wachsamkeit, die auf jegliche Form der Pression gefaßt ist.
Die rapide Entwicklung der Bewußtseins-Industrie, ihr Aufstieg zu einer Schlüsselinstanz der modernen Gesellschaft, verändert die soziale Rolle des Intellektuellen. (S. 16/17)

Freiwillig oder unfreiwillig, bewußt oder unbewußt, wird er zum Komplizen einer Industrie, deren Los von ihm abhängt wie er von dem ihren, und deren heutiger Auftrag, die Zementierung der etablierten Herrschaft, mit dem seinen unvereinbar ist. (S. 17)

Hans Magnus Enzensberger, Baukasten zu einer Theorie der Medien, in Kursbuch 20, Frankfurt 1970, S. 159, 160, 161, 163, 165, 166, 167/168, 169, 171, 173, 180, 181, 182.

1.   Mit der Entwicklung der elektronischen Medien ist die Bewußtseins-Industrie zum Schrittmacher der sozio-ökonomischen Entwicklung spätindustrieller Gesellschaften geworden. ...
Der allgemeine Widerspruch zwischen Produktivkräften und Produktionsverhältnissen tritt aber dort am schärfsten hervor, wo jene am weitesten avanciert sind. ...
Der Kapitalismus der Monopole entfaltet die Bewußtseins-Industrie rascher und weitgehender als andere Sektoren der Produktion; er muß sie zugleich fesseln. Eine sozialistische Theorie der Medien hat an diesem Widerspruch zu arbeiten. (S. 159)

Die Ambivalenz dieser Haltung spiegelt bloß die Ambivalenz der Medien selbst wider, ohne ihrer Herr zu werden. Aufzuheben wäre sie nur durch die Entfesselung der emanzipatorischen Möglichkeiten, die in der neuen Produktivkraft stecken: Möglichkeiten, die der Kapitalismus ebenso sabotieren muß wie der sowjetische Re-

visionismus, weil sie die Herrschaft beider Systeme gefährden würden.

2.   Das offenbare Geheimnis der elektronischen Medien, das
entscheidende politische Moment, das bis heute unterdrückt oder
verstümmelt auf seine Stunde wartet, ist ihre mobilisierende Kraft.
... Zum erstenmal in der Geschichte machen die Medien die massenhafte Teilnahme an einem gesellschaftlichen und vergesellschafteten
produktiven Prozeß möglich, dessen praktische Mittel sich in der
Hand der Massen selbst befinden. Ein solcher Gebrauch brächte
die Kommunikationsmedien, die diesen Namen bisher zu Unrecht
tragen, zu sich selbst. In ihrer heutigen Gestalt dienen Apparate
wie das Fernsehen oder der Film nämlich nicht der Kommunikation sondern ihrer Verhinderung. Sie lassen keine Wechselwirkung
zwischen Sender und Empfänger zu: technisch gesprochen, reduzieren sie den feedback auf das systemtheoretisch mögliche Mini-
mum.
... Die Entwicklung vom bloßen Distributions- zum Kommunika-
tionsmedium ist kein technisches Problem. Sie wird bewußt verhindert, aus guten, schlechten politischen Gründen. (S. 160)

3.   George Orwells Schreckbild einer monolithischen Bewußtseins-Industrie zeugt von einem Verständnis der Medien, das undialektisch und obsolet ist. Die Möglichkeit einer totalen Kontrolle solcher Systeme durch eine zentrale Instanz gehört nicht
der Zukunft, sondern der Vergangenheit an. (S. 161)

4.   Die Neue Linke der sechziger Jahre hat die Entwicklung der
Medien auf einen einzigen Begriff gebracht: den der Manipulation.
(S. 163)
... Die Angst, vom System verschluckt zu werden, ist ein Schwäche-
symptom; sie setzt voraus, daß der Kapitalismus mit jedem Widerspruch fertig zu werden vermöchte, eine Überzeugung, die historisch leicht zu widerlegen und theoretisch unhaltbar ist. (S. 165)

5.   Manipulation, zu deutsch Hand- oder Kunstgriff, heißt soviel
wie zielbewußtes technisches Eingreifen in gegebenes Material. ...
Jeder Gebrauch der Medien setzt also Manipulation voraus. ...
Die Frage ist daher nicht, ob die Medien manipuliert werden oder
nicht, sondern wer sie manipuliert. Ein revolutionärer Entwurf
muß nicht die Manipulateure zum Verschwinden bringen; er hat
im Gegenteil einen jeden zum Manipulateur zu machen.
... Der Manipulation der Medien ist aber nicht durch alte oder
neue Formen der Zensur zu begegnen, sondern nur durch direkte gesellschaftliche Kontrolle, das heißt durch die produktiv ge-

wordenen Massen. ...Für den selbstgesteuerten und massenhaften Lernprozeß, den die elektronischen Medien ermöglichen, fehlt es bis heute an historischen Beispielen. Die Angst der Kommunisten vor der Entfesselung dieses Potentials, vor den mobilisierenden Möglichkeiten der Medien, vor der Interaktion freier Produzenten ist einer der Hauptgründe dafür, daß auch in den sozialistischen Ländern die alte bürgerliche Kultur, vielfach abgeleitet und vermummt, aber strukturell unangefochten weiter herrscht. (S. 166)

6.   Die neuen Medien sind ihrer Struktur nach egalitär. Durch einen einfachen Schaltvorgang kann jeder an ihnen teilnehmen; die Programme selbst sind immateriell und beliebig reproduzierbar. Damit stehen die elektronischen im Gegensatz zu älteren Medien wie dem Buch oder der Tafelmalerei, deren exklusiver Klassencharakter offensichtlich ist. Fernsehprogramme für privilegierte Gruppen sind zwar technisch denkbar (closed-circuit TV), aber strukturell widersinnig. Tendenziell heben die neuen Medien alle Bildungsprivilegien, damit auch das kulturelle Monopol der bürgerlichen Intelligenz auf. Hier liegt einer der Gründe für das Ressentiment vermeintlicher Eliten gegen die Bewußtseins-Industrie. Der Geist, den sie gegen „Entpersönlichung" und „Vermassung" zu verteidigen trachten – je schneller sie ihn aufgeben, desto besser.

7.   Die neuen Medien sind aktions- und nicht kontemplativ, augenblicks- und nicht traditionell orientiert. Ihr Zeitverhältnis ist dem der bürgerlichen Kultur, die Besitz will, also Dauer, am liebsten Ewigkeit, völlig konträr. Die Medien stellen keine Objekte her, die sich horten und versteigern ließen. Sie lösen „geistiges Eigentum" schlechthin auf und liquidieren das „Erbe", das heißt, die klassenspezifische Weitergabe des immateriellen Kapitals. (S. 167)

8.   Es ist falsch, Mediengeräte als bloße Konsumtionsgeräte zu betrachten. Sie sind im Prinzip immer zugleich Produktionsmittel, und zwar, da sie sich in den Händen der Massen befinden, sozialisierte Produktionsmittel. Der Gegensatz zwischen Produzenten und Konsumenten ist den elektronischen Medien nicht inhärent; er muß vielmehr durch ökonomische und administrative Vorkehrungen künstlich behauptet werden. (S. 167/168)

9.   Schon aus den angegebenen strukturellen Eigenschaften der neuen Medien geht hervor, daß keines der heute herrschenden Regimes ihr Versprechen einlösen kann. Nur eine freie sozialistische Gesellschaft wird sie produktiv machen können. (S. 168)

10. Dagegen muß eine jede sozialistische Strategie der Medien die Isolation der einzelnen Teilnehmer am gesellschaftlichen Lern- und Produktionsprozeß aufzuheben trachten. Das ist ohne Selbstorganisation der Beteiligten nicht möglich. (S. 169)

11. Eine allzu verbreitete These behauptet, der heutige Kapitalismus lebe von der Ausbeutung falscher Bedürfnisse. ... Die Anziehungskraft des Massenkonsums beruht aber nicht auf dem Oktroi falscher, sondern auf der Verfälschung und Ausbeutung ganz realer und legitimer Bedürfnisse, ohne die der parasitäre Prozeß der Reklame hinfällig wäre. Eine sozialistische Bewegung hat diese Bedürfnisse nicht zu denunzieren, sondern ernst zu nehmen, zu erforschen und politisch produktiv machen.

Das gilt auch im Hinblick auf die Bewußtseins-Industrie. Die elektronischen Medien verdanken ihr Unwiderstehlichkeit nicht irgendeinem abgefeimten Trick, sondern der elementaren Kraft tiefer gesellschaftlicher Bedürfnisse, die selbst in der heutigen depravierten Verfassung dieser Medien durchschlagen.

Die Interessen der Massen sind, schon weil sich niemand für sie interessiert, jedenfalls soweit sie historisch neu sind, ein ziemlich unbekanntes Feld geblieben. Sicherlich reichen sie weit über die Ziele hinaus, welche die traditionelle Arbeiterbewegung vertritt. Ebenso wie in der Produktionssphäre Güter- und Bewußtseins-Industrie zunehmend ineinander übergehen, so sind auch subjektiv, auf der Seite der Bedürfnisse, materielle und immaterielle Momente eng ineinander verschlungen. (S. 171)

12. Zusammenfassung.

Repressiver Mediengebrauch	*Emanzipatorischer Mediengebrauch*
Zentral gesteuertes Programm	Dezentralisierte Programme
Ein Sender, viele Empfänger	Jeder Empfänger ein potentieller Sender
Immobilisierung isolierter Individuen	Mobilisierung der Massen
Passive Konsumentenhaltung	Interaktion der Teilnehmer, feedback
Entpolitisierungsprozeß	Politischer Lernprozeß
Produktion durch Spezialisten	Kollektive Produktion
Kontrolle durch Eigentümer oder Bürokraten	Gesellschaftliche Kontrolle durch Selbstorganisation
(S. 173)	

17.   Die geschriebene Literatur hat, historisch gesehen, nur wenige Jahrhunderte lang eine dominierende Rolle gespielt. Die Vorherrschaft des Buches wirkt heute bereits wie eine Episode. Ein unvergleichlich längerer Zeitraum ging ihr voraus, in dem die Literatur mündlich war; nunmehr wird sie vom Zeitalter der elektronischen Medien abgelöst, die ihrer Tendenz nach wiederum einen jeden zum Sprechen bringen. (S. 180)

... Die revolutionäre Rolle des Buchdrucks ist übrigens oft genug beschrieben worden, und es wäre absurd, sie zu leugnen. Die geschrieben Literatur war von ihrer Medienstruktur her progressiv wie die Bourgeoisie, die sie hervorgebracht und der sie gedient hat. (S. 181)

Mikrophon und Kamera heben den Klassencharakter der Produktionsweise (nicht der Produktion) auf. Die normativen Regeln treten zurück: das mündliche Interview, der Streit, die Demonstration verlangen und erlauben keine Orthographie und keine Schönschrift. Der Bildschrim entlarvt die ästhetische Glättung ungelöster Widersprüche als Camouflage. Zwar wimmelt es auf ihm von Lügnern, aber jeder merkt ihnen schon von weitem an, daß sie etwas verkaufen wollen. (S. 182)

Jürgen Harder

aus: Zu Enzensbergers Medien-Theorie, in: Kürbiskern, Heft 3/1971 München, S. 449, 450, 452, 453, 454, 455, 456.

1962 brachte Hans Magnus Enzensberger seine scharfsichtigen Beobachtungen neuer ideologischer Herrschaftsmechanismen im staatsmonopolistischen Kapitalismus auf den Begriff der „Bewußtseins-Industrie" ...
Bei aller intendierten Kritik teilte Enzensberger hier einen Grundmangel mit der einschlägigen bürgerlichen Manipulationsliteratur: Die Beschwörung des Schreckbildes einer „totalen Manipulation" Um aber die resignierende Konsequenz zu vermeiden, relativierte er: „Überhaupt bleibt zwischen Unbestechlichkeit und Defaitismus zu unterscheiden. Es handelt sich nicht darum, die Bewußtseins-Industrie ohnmächtig zu verwerfen, sondern darum, sich auf ihr gefährliches Spiel einzulassen." In der Tat ein gefährliches Spiel, denn Enzensberger delegiert alle Hoffnung an eine abstrakt-moralische „Unbestechlichkeit" von Intellektuellen, die in der modernen Schlüsselindustrie (wie er die Bewußtseins-Industrie auch bezeichnet) ihren Dienst tun. Mehr noch: Er erhebt die Intellektuellen in den Rang der einzigen revolutionären Potenz.....
1970 — in seinem „Baukasten zu einer Theorie der Medien" —

nimmt er den Faden zu dieser Problematik wieder auf, um neue
Erfahrungen und weiterreichende Einsichten mitzuteilen.
Sein Ausgangspunkt ist jetzt der allgemeine Widerspruch zwischen
Produktivkräften und Produktionsverhältnissen. (S. 449)

Seine konsequente inhaltliche Abstinenz ist aber nicht eine simple
theoretische Unsicherheit. Sie bezeichnet vielmehr genau den
Punkt, wo Enzensberger an die bürgerliche Ideologie gebunden
bleibt. Weil er die spätbürgerliche Konzeption von der „Industrie-
gesellschaft" kritiklos zur Voraussetzung seiner Medientheorie erhebt, bleibt er im Grundsätzlichen in der bürgerlichen Ideologie
befangen. Und dieser Ideologie folgend, erfüllt er vorab eines ihrer
„modernen" Gebote; nämlich den realen Sozialismus in der Welt
konvergenztheoretisch als Entartungsvariante des Kapitalismus
zu „verramschen" und damit als welthistorische Alternative zu
negieren. (S. 450/451)

Aber alle rhetorische Gewandtheit und pointierte Metaphorik vermögen auch hier nicht die fehlenden inhaltlichen Bestimmungen
zu ersetzen. Selbst sein Formalismus kommt hier noch zu vollem
Recht, denn rein formal-logisch wäre „mobilisieren" mindestens
als mehrstellige Relation aufzufassen: Wer mobilisiert Wen, Wodurch und Wofür. Dann allerdings wäre der Zwang zum Inhaltlichen wohl unausweichlich.

Enzensberger polemisiert gegen den heutigen Begriff der Manipulation.
Weil er von der Wort- nicht zur Begriffserklärung weitergeht, folgt
dann (bei seinen inhaltlichen Unterlassungssünden sogar logisch)
diese Bestimmung: „Jeder Gebrauch der Medien setzt also Manipulation voraus. ... Ein revolutionärer Entwurf muß nicht die
Manipulateure zum Verschwinden bringen: Er hat im Gegenteil
einen jeden zum Manipulateur zu machen." (S. 452)

Wahrheit wäre demnach soweit relativiert, daß sie am Ende mit
Manipulation vereinbar würde. Spätestens hier wird deutlich, daß
es nicht das Wort Manipulation ist, „das mehr verbirgt als es auf-
klären kann", sondern Enzensberger selbst.
Der Begriff Manipulation ist primär von seinem gesellschaftlichen
Inhalt bestimmt. Kurt Hager charakterisierte auf der 10. Tagung
des ZK der SED die staatsmonopolistische Manipulierung als „plan-
mäßigen, mit wissenschaftlichen Methoden geführten psychologischen Krieg gegen das Denken, die Vernunft und die Gefühle, kurz
gegen jegliche auf den gesellschaftlichen Fortschritt gerichtete Entwicklung der Werktätigen".

Manipulation und gesellschaftliche Wahrheit schließen einander also absolut aus.

Produktiv sind Enzensbergers Gedanken zur Dialektik der Bedürfnisse im staatsmonopolistischen Kapitalismus. (S. 453)

Die Dialektik der Bedürfnisse sieht Enzensberger so: „Die Anziehungskraft des Massenkonsums beruht ... nicht auf dem Oktroi falscher sonder auf der Verfälschung und Ausbeutung ganz realer und legitimer Bedürfnisse, ohne die der parasitäre Prozeß der Reklame hinfällig wäre .... Die elektronischen Medien verdanken ihre Unwiderstehlichkeit nicht irgendeinem abgefeimten Trick, sondern der elementaren Kraft tiefer gesellschaftlicher Bedürfnisse, die selbst in der heutigen depravierten Verfassung dieser Medien durchschlagen."
Er zeigt unter anderem solche Bedürfnisse auf, wie das Verlangen nach einer Ästhetik, die sich nicht auf die Sphäre des „Kunstschönen" beschränkt, das massenhafte Bedürfnis nach immaterieller Vielfalt und Mobilität, nach Teilnahme am gesellschaftlichen Prozeß, das Bedürfnis nach Befreiung von Ignoranz und Unmündigkeit. Enzensberger zeigt zugleich, wie das Kapital diese Wünsche erkundet, um sie einzufangen, zu neutralisieren, vor allem eben ihrer sozialen Sprengkraft zu berauben. So habe sich zum Beispiel „Überall dabeisein" zu einem der erfolgreichsten Slogans der staatsmonopolistischen Bewußtseins-Industrie entwickeln und das Leser-Parlament der Bild-Zeitung „Demokratie" gegen die Interessen des demos wenden können. Staatsmonopolistischer Massenbetrug wird also nicht geleugnet. Enzensberger will aber zeigen, daß „ein Betrug von solchen Dimensionen nur denkbar ist, wenn er sich auf ein massenhaftes Bedürfnis einläßt". (S. 454)

Das Beispiel Enzensbergers scheint eine Gesetzmäßigkeit in der gegenwärtigen bürgerlichen Ideologie zu veranschaulichen. Immer wenn der Situation verstärkten antiimperialistischen Kampfes Vertreter der bürgerlichen Intelligenz nicht direkt über die Arbeiterklasse und ihre revolutionäre Partei, sondern vorwiegend auf theoretischem Wege sich dem Sozialismus annähern, werden mit Vorliebe Spontaneitätsauffassungen und utopische Konzeptionen reaktiviert.
Weil die Bourgeoisie für sie geistig impotent geworden ist (oder wie Enzensberger meint, „daß sie ... nichts mehr zu sagen hat. Sie ist ideologisch steril"), belesen sie sich immer mehr bei Marx, Engels und Lenin. (S. 455)

Ihre Radikalität hat aber nichts mit marxistischer Konsequenz gemein, denn ihre Alternative, die sich um radikale Abhebung vom spätkapitalistischen System bemüht, hebt sich genauso radikal von den realen gesellschaftlichen Kräften und konkreten Bedingungen für eine konsequente Veränderung ab. ... Sie versagt aber in der Einschätzung des existierenden Sozialismus, der als reale Alternative nicht begriffen wird. (S. 456)

Horst Holzer
aus: Massenmedien oder Monopolmedien? , in: Kürbiskern, Heft 4/71, München, S. 626-627

Im Rahmen der so entstandenen und weiter zunehmenden staats-monopolistischen Formierung der westdeutschen Gesellschaft leistet Massenkommunikation — das gesamtgesellschaftlich institutionalisierte System für Information und Unterhaltung — einen doppelt funktionalen Beitrag zur Vertiefung und gleichzeitigen Verschleierung von Ausbeutung und Entmündigung der bundesrepublikanischen Bevölkerung:
(1)   als eine vom westdeutschen Kapital finanzierte Institution, die den Prozeß der profitbringenden Kapitalverwertung dadurch unterstützt, daß sie über Anzeigen und redaktionelles Programm die Konsumbereitschaft der Massen auf einem akzeptablen Niveau hält und in die ‚richtigen' Kanäle lenkt;
(2)   als ein sowohl von ökonomischen wie politischen Machtgruppen ausnutzbarer Mechanismus, mit dessen Hilfe die aus der kapitalistischen Arbeits- und Lebenspraxis resultierenden Bedürfnisse auf seiten der Mehrheit der Bevölkerung zu deren Immunisierung durch Anpassung an die bestehenden Verhältnisse ökonomischer Ausbeutung und politischer Entmündigung mißbraucht werden. Die faktische Verpflichtung der Massenmedien auf das politökonomische System Westdeutschlands und die sich daraus ergebende Notwendigkeit, die vom Klassencharakter der bundesrepublikanischen Gesellschaft produzierte Entfremdungssituation der Bevölkerung zur Wahrung der illegitimen Macht- und Privilegienhierarchie in dieser Gesellschaft auszunützen, entlarven die grundgesetzlich fixierte Forderung nach massenkommunikativer Orientierung und Aufklärung, Kritik und Kontrolle als billige Ideologie.

Es läßt sich empirisch einwandfrei belegen, daß die privatwirtschaftlich organisierten wie die öffentlich-rechtlich etablierten Institutionen der Massenkommunikation in der Bundesrepublik deutlich unter der Herrschaft derer, die in profitorientierter Weise über die vorhandenen wie gesellschaftlich möglichen Produktiv-

kräfte verfügen, respektive diese Verfügung politisch absichern. Denn finanzielle Überschüsse und damit profitbringende Investitionsmöglichkeiten, Möglichkeiten zur Nutzung neuester technischer Entwicklungen, ziehen die Medien ausschließlich aus dem Insertionsgeschäft; hier können sie nur dann eine lukrative Stellung beziehen, wenn sie der Werbebranche große Publika und den dahinter stehenden Industrien absatzgarantierende Konsumentengruppen offerieren; solche Offerten vermag jedoch nur zu machen, wer sich in extremer Weise den vermeintlichen, nicht zuletzt und gerade von den Massenmedien selber indoktrinierten Interessen des Publikums anpaßt. Das heißt aber — konsequent marktorientiert gedacht —: Anpassung an die größte Gruppe des Publikums und deren soziopsychische Bedingungen. Aufgrund ihrer Klassenlage als abhängig arbeitende, als durch verselbständigte Parteiapparate und staatliche Bürokratie politisch entmündigte Wähler, als durch ein Ausbildungsdefizit Benachteiligte befinden sich die meisten Leser, Hörer, Zuschauer in einem Zustand forcierter Entfremdung von der gesellschaftlichen, von ihrer eigenen Arbeit wesentlich getragenen Produktions- und Verwaltungsapparatur. Diese Entfremdungssituation provoziert auf Seiten der Betroffenen ein intensives Verlangen nach Möglichkeiten, diesen Zustand, wenn auch nur vordergründig und kurzfristig, aufzuheben. Eine derartige vordergründige und kurzfristige Aufhebung von Entfremdung offerieren die Angebote der Massenmedien auf mehrerlei Weise:
(1) durch Personalisierung gesellschaftlicher Tatbestände, die Abstraktheit und Anonymität, Intransparenz und Komplexität der betrieblichen und verwaltungstechnischen Zusammenhänge, denen der durchschnittliche Leser, Hörer, Zuschauer tagtäglich wehrlos, ohne Möglichkeit der Mit- und Selbstbestimmung ausgesetzt ist, oberflächlich kompensiert;
(2) durch Intimisierung, Privatisierung öffentlich-relevanter Angelegenheiten, die dem Leser, Hörer, Zuschauer, der sich in Beruf und Politik nur in extrem abhängiger Position erfährt, persönliches Beteiligtsein und direkte Kontrolle bei gesellschaftlich wichtigen Ereignissen suggeriert und somit daran hindert, die die Massenmedien bevölkernde politische und sonstige Prominenz als Charaktermasken festgefügter Herrschaftsverhältnisse zu durchschauen;
(3) durch Vorgaukelung einer illustren Konsumwelt, die den Leser, Hörer, Zuschauer als ‚Kaufkraft' auf den Markt treibt und ihn über die Sorge, die akzeptierten Statussymbole für seinen individuellen sozialen Aufstieg zu erwerben, vergessen läßt, daß er mit einem Köder aus Kleinstprivilegien und Ersatzbefriedigungen um

sein Recht auf Selbstbestimmung in Ökonomie und Politik gebracht wird;
(4)   durch Provozierung und gleichzeitige Betäubung von Angst, welche zu einer verstärkten Anklammerung des Publikums an die Medien führt und so raffinierte Techniken darstellt, die eine erfolgreiche Praktizierung der zuvor genannten journalistischen Verfahrensweisen garantierten. (S. 626 - 627)

Wolfgang Fritz Haug

aus: Die Rolle des Ästhetischen bei der Scheinlösung von Grundwidersprüchen der kapitalistischen Gesellschaft, in: Funktionen bildender Kunst in unserer Gesellschaft, Steinbach 1971, S. 99, 102/103, 105/106, 107, 111, 112, 115.

Vorausgeschickt sei zunächst eine für die Zwecke der folgenden Überlegungen operationalisierte Definition dessen, was unter „Ästhetischem" zu verstehen sei. Wenn im folgenden dieses Wort fällt, dann soll darunter verstanden werden: Sinnlichkeit und Sinn bestimmter Sachen, abgezogen von diesen Sachen.

„Ästhetisches" in diesem Sinn beschränkt sich also nicht auf Kunst. Ferner ist es nicht ablösbar von der subjektiven Sinnlichkeit der Menschen, die mit der objektiven der sie umgebenden Realität in ständiger Wechselbeziehung steht. (S. 99)

1.   Warenästhetik als Scheinlösung des Widerspruchs von Gebrauchswert und Tauschwert

In der entfalteten Tauschgesellschaft, in der bereits Geldwirtschaft sich durchgesetzt hat, treten sich Käufer und Verkäufer als getrennte ökonomische Rollen, Charaktermasken, wie Marx sagt, gegenüber. Das Verhältnis von Verbraucher als Käufer und Warenbesitzer als Verkäufer ist in sich antagonistisch, denn es stehen sich in diesem Verhältnis widersprüchliche Interessen gegenüber. Der Käufer steht auf dem Gebrauchswertstandpunkt. Für ihn ist der Tauschwert, den er in Händen hält, sein Geld, ein blosses Mittel, was er nolens volens benötigt — weil es gesellschaftlich so gesteuert und geschaltet ist — um an die Dinge zu kommen, derer er zum Leben bedarf. Der Verkäufer steht auf dem Tauschwertstandpunkt. Für ihn ist das, was dem andern Lebensmittel ist, was dem andern die materiellen — oder seien es auch immateriellen — Dinge sind, deren er zum Leben bedarf, ist de facto das Leben des andern, soweit die Logik des Tausches bestimmt, bloßes Mittel, um an den Tauschwert zu kommen. (S. 102)

Mit der Ausprägung der gegensätzlichen ökonomischen Charaktermasken von Käufer und Verkäufer, wie sie sich im Tausch gegenüber stehen, tritt auf seiten des Verkäufers auch die Scheinlösung des Interessengegensatzes auf. Zu seiner Charaktermaske gehört – als euphorische Oberfläche über der tiefen Sorge um die Realisation seines Tauschwerts – die im Verkaufsgespräch dargestellte Begeisterung über den Gebrauchswert seiner Ware. (S. 102/103)

Indem sich nämlich der Tauschwert als treibender Zweck der Warenproduktion durchgesetzt hat, wird hinfort in der Warenproduktion ein Doppeltes produziert: nicht nur der zugestandene Gebrauchswert, sondern, mit eigenen Techniken und separaten Überlegungen und Anstrengungen, die Erscheinung von Gebrauchswert, das ästhetische Gebrauchswertversprechen. Ziel der Produktionsanstrengung ist es hinfort, in der Warenproduktion die Ware mit Reizen und Gebrauchswertversprechungen so zu inszenieren, daß sie verkauft wird, daß sie eher verkauft wird, daß sie im Gegensatz zu anderen Waren verkauft wird. Sinnlichkeit und Sinn der Sache, die als Ware produziert wird, werden von der Sache abgezogen, und es wird diesem Ästhetischen eine gesonderte Aufmerksamkeit gewidmet, die schließlich zur Entwicklung bedeutend raffinierterer Techniken führen kann als die Aufmerksamkeit, die der Gebrauchswertproduktion gewidmet wird. Die Fortschritte, die im monopolistischen Kapitalismus auf dem Gebiet der Produktion der blossen Gebrauchswerterscheinung, also hinsichtlich der separaten Produktion des Ästhetischen der Ware, gemacht wurden, sind sprunghaft: zunächst als Aufmachung, dann als sich ablösende zweite Haut der Ware, als die Verpackung, die aber nicht wie das bloße Einwickeln als Schutz vor den Gefahren des Transports gedacht ist, sondern als das eigentliche Gesicht, welchselbes statt des Warenleibs der potentielle Käufer zunächst zu sehen bekommt und das sich im Fortgang vom Warenkörper vollends ablöst und als körperloses Warenbild drahtlos in jedes Haus zirkuliert, die wirkliche Zirkulation der Ware anbahnend. (S. 103)

2. Der Einfluß der Warenästhetik auf die Arbeiterklasse
Die Arbeiterklasse steht dem Kapital nicht nur als in der Produktion ausgebeutete, als Schöpferin aller Werte, auch der Werte, die die Quelle aller Formen von Profit und gesellschaftlichem Surplus sind, gegenüber; sondern den Teilen des gesellschaftlichen Gesamtkapitals, die notwendige Lebensmittel im weitesten Sinn produzieren, tritt die Arbeiterklasse ebensosehr als Masse von Käufern gegenüber. Gegenüber der Arbeiterwelt als Käufer- und

Konsumentenwelt sucht der Kapitalist daher, wie Marx in den „Grundrissen" schrieb, „alle Mittel auf, um sie zum Konsum anzuspornen, neue Reize seinen Waren zu geben, neue Bedürfnisse ihnen anzuschwatzen" – die Stelle ist wichtig für die Diskussion der Frage der Schaffung neuer Bedürfnisse. „Es ist", fährt Marx fort, „gerade diese Seite des Verhältnisses von Kapital und Arbeit, die ein wesentliches Zivilisationsmoment ist und worauf die historische Berechtigung, aber auch die gegenwärtige Macht des Kapitals, beruht." Es ist von höchster Bedeutung, die Seite, worauf die gegenwärtige Macht des Kapitals noch immer beruht, bei keiner Analyse außer acht zu lassen, sie vor allem nicht zu vergessen über Theorien verabsolutierter bloßer Manipulation, Scheinbefriedigung usw. Gleichwohl kann heute nicht mehr davon die Rede sein, die weitere Vervielfältigung oder modische Variation der Warenproduktion verleihe dem Kapitalismus historische Berechtigung. (S. 105/106)

Gerade weil fürs Kapital hier nur das Geld in den Taschen der Kunden zählt, ungeachtet ihrer Klassenzugehörigkeit, herrscht in der Warenästhetik der Schein, durch den eine spezifische Klassenkultur die Arbeiter zu vereinnahmen sich anschickt: in das kapitalistische Zerrbild einer klassenlosen Kultur. Der Dunstbau, der sie überwölbt, ist weniger denn je bestimmt durch Himmel, ewige Ideen und Rechte, Kunst und Vaterland. Es ist ein einziger supermarket, in den sich – außerhalb der Sphäre der Arbeit – die gesellschaftliche Welt dieses Kapitalismus verwandelt. ... Um sich gegen diesen Schein zu behaupten, muß das Klassenbewußtsein der Werktätigen ihn durchschauen als Propaganda. Denn die kapitalistische Propaganda der Waren wirkt zugleich als Propaganda für die kapitalistische Warenproduktion. Diese Propaganda feiert ihre Triumphe, wenn die lohnabhängigen Massen sie – und ihr eigenes Klassenschicksal damit – für das Natürliche halten: wenn ihre Wahrnehmung dermaßen an eine Propaganda, die sie objektiv verhöhnt, gewöhnt ist, daß sie deren Abwesenheit in den Straßen der sozialistischen Länder als trostlos vermerkt.

3.   Brechung der Sinnlichkeit und ästhetische Faszination
Es gilt grundsätzlich nach der Stellung der menschlichen Sinnlichkeit in der Tauschgesellschaft zu fragen, um die allgemeinsten Bestimmungen zu gewinnen, die grundlegend bleiben auch für die Analyse der sich im Kapitalismus weiterentwickelnden ästhetischen Subjekt-Objekt-Beziehung. (S. 107)

Sind die Waren vom Tauschwertstandpunkt aus bloße Verkleidungen des Tauschwerts, so treibt die Logik desselben Standpunkts zu immer aufreizenderen Verkleidungen, die die Wünsche der Menschen als möglicher Käufer bloßlegen und anfeuern, so der Erziehung zur Gleichgültigkeit entgegenwirkend und sie zugleich bestärkend. ... Nun wirkt die ästhetische Abstraktion, das entleibte und, weil aus der Beschränkung der objektiven Realität entlassen, ungehemmt wuchernde, fruchtlos und alterslos blühende Sinnliche zurück auf die Wahrnehmungs- und Triebstruktur der Menschen. All dies folgt aus dem Fetischcharakter der Ware, d.h. aus der Produktionsweise, in der die Waren — mit den Worten von Marx ausgedrückt — „sinnlich-übersinnlich", als „gesellschaftliche Dinge" fungieren. Wären die Dinge, deren Warenform und verselbständigte Funktion zu solchen Konsequenzen führt, einfach sinnliche Dinge, d.h. Produkte einer Bedarfsdeckungs- oder Gebrauchswertwirtschaft bzw. einer Planwirtschaft, dann hätte eine solche Doppelung keine Existenz, weil keine Funktion. (S. 111)

4.   Kollektive Praxis und Illusionsindustrie im Kapitalismus
In Venedig wird eine kolorierte Ansichtspostkarte feilgeboten, die zugleich für diese Stadt und einen amerikanischen Konzern wirbt. Sie zeigt den Markusplatz, menschenleer, mit dem notorischen Heer von Tauben. Die Tauben stellen sich dar in organisierter Form: in riesigen Charakteren bilden sie den Namen Coca-Cola. Die Charaktere sind die des „gesetzlich geschützten" Markendesigns. Die Vorlage für das Werbefoto wurde dadurch hergestellt, daß die Werbemanager das Markenzeichen mit Taubenfutter durch angeheuerte Gelegenheitsarbeiter auf den Platz streuen ließen. Die Tauben flogen nicht herbei, um das Markenzeichen zu bilden, sondern um ihren Hunger zu stillen. Das Futter wurde nicht gestreut, um die Tauben zu füttern, sondern um sie auf seiner Spur als Statisten arbeiten zu lassen. Das Arrangement ist den Tauben absolut fremd und äußerlich. Während sie sich das Futter einverleiben, sind sie unters Kapital subsumiert und von ihm einverleibt. Das Bild, Triumph kapitalistischer Werbetechnik, zeigt sinnbildlich einen grundlegenden Aspekt des Kapitalismus (S. 112)

Weil es innerkapitalistisch für die Massen kein Ziel gibt, für das es sich lohnt, lohnt sich fürs System als Ganzes wie fürs einschlägig tätige Einzelkapital der Zerstreuungsindustrie. Dem Bedürfnis von unten, von der Ziellosigkeit abgelenkt zu werden, kommt der Bedarf von oben entgegen, von der Herrschaft des kapitalistischen Klassenziels abzulenken. (S. 114)

Die Gestalten der Illusionsindustrie bevölkern gespenstisch scheinhaft den Raum, der im Kapitalismus leer ist und den erst der Sozialismus real füllt. (S. 115)

aus: Zur Kritik der Warenästhetik, in: Kursbuch 20, Frankfurt 1970, S. 148/9 150/1, 152, 155, 156/7, 158.

Da der Weg zu gesamtgesellschaftlicher Einsparung von Arbeit auf die Abschaffung des Kapitals hinauslaufen würde, stößt das Kapital sich jetzt an der zu großen Haltbarkeit seiner Produkte. Eine Technik, mit der auf diese Situation geantwortet wird, besteht in der Verschlechterung der Produkte, wobei die Verschlechterung in der Regel durch Verschönerung kompensiert wird. Aber selbst so halten die Gebrauchsdinge noch zu lang für die Verwertungsbedürfnisse des Kapitals. Die radikalere Technik greift nicht nur beim sachlichen Gebrauchswert eines Produkts an, um seine Gebrauchszeit in der Konsumsphäre zu verkürzen und die Nachfrage vorzeitig zu regenerieren. Diese Technik setzt bei der Ästhetik der Ware an. Durch periodische Neuinszenierung des Erscheinens einer Ware verkürzt sich die Gebrauchsdauer der in der Konsumsphäre gerade fungierenden Exemplare der betreffenden Warenart. Diese Technik sei im folgenden als ästhetische Innovation bezeichnet. Die ästhetische Innovation ist ebensowenig wie andere derartige Techniken eine Erfindung des Monopolkapitalismus. (S. 148/149)

Ist die ästhetische Innovation auch keine Erfindung des Monopolkapitalismus, so hat sie doch erst in ihm eine die Produktion in allen entscheidenden Branchen der Konsumgüterindustrie beherrschende und für die kapitalistische Organisation dieser Industrie lebensnotwendige Bedeutung erlangt. (S. 149)

Es ist nun wenigstens in Andeutungen zu untersuchen, wie und in welche Richtung die Bedürfnisstruktur der Menschen sich ändert unter dem Eindruck der veränderten Befriedigungsangebote, die die Waren machen. Zuvor ist aber nach einem besonderen Zweig der Herrschaft über die Natur zu fragen, nämlich nach der Beherrschung und willkürlichen unbegrenzten scheinhaften Reproduzierbarkeit ihres Erscheinens, was hier mit Technokratie der Sinnlichkeit umschrieben wird.

Technokratie der Sinnlichkeit im Dienste der Aneignung der Produkte fremder Arbeit, allgemein im Dienste sozialer und politischer Herrschaft, ist beileibe keine Erfindung des Kapitalismus, so wenig wie etwa der Fetischsimus es ist. Die inszenierte Erscheinung ist nicht wegdenkbar aus der Geschichte der Kulte. (S. 150)

Die Produktion und große Rolle von bloßem Schein ist in der kapitalistischen Gesellschaft angelegt in jenem pauschalen Widerspruch, der sich durch alle Ebenen hinzieht und mit dessen Entwicklung aus dem Tauschverhältnis diese Untersuchung begonnen hat. Der Kapitalismus basiert auf einem systematischen quidproquo: alle menschlichen Ziele – und sei es das nackte Leben – gelten dem System nur als Vorwände und Mittel (nicht theoretisch gelten sie ihm als solche, sondern faktisch ökonomisch fungieren sie derart). Der Standpunkt der Kapitalverwertung als Selbstzweck, dem alle Lebensanstrengungen, Sehnsüchte, Triebe, Hoffnungen nur ausbeutbare Mittel sind, Motivationen, an denen man die Menschen fassen kann und an deren Ausforschung und Indienstnahme eine ganze Branche der Sozialwissenschaften arbeitet.

Der Verwertungsstandpunkt des Kapitals steht gegen die sinnlich-triebhafte Wirklichkeit der Menschen. Die Individuen, die sich das Kapital zurichtet, sei es zu seinen Funktionsträgern, also zu Kapitalisten, oder sei es zu Lohnarbeitern etc., bei allen sonst bestehenden radikalen Unterschieden haben sie alle ein Triebschicksal, wenigstens formal, gemeinsam: ihre sinnliche Unmittelbarkeit muß gebrochen werden, absolut beherrschbar. Dies ist, wo nicht brutale Gewalt die Menschen fortwährend zur Arbeit für andere antreibt, nur möglich, wenn Naturkraft gegen Naturkraft gerichtet wird. Denn nicht nur die großen Menschheitsziele fallen aus dem Kapitalismus in Wirklichkeit heraus und müssen deshalb im Medium des Scheins unablässig wieder eingefangen werden, sondern auch die individuellen Triebziele. (S. 151)

Die ästhetische Abstraktion löst Sinnlichkeit und Sinn der Sache von dieser ab und macht sie getrennt verfügbar. (S. 152)

Das Ideal der Warenästhetik wäre es, das zum Erscheinen zu bringen, was einem eingeht wie nichts, wovon man spricht, wonach man sich umdreht, was man nicht vergißt, was alle wollen, was man immer gewollt hat.

Indem die Warenästhetik den Menschen nach dieser Richtung ihr Wesen auslegt, scheint die progressive Tendenz des Treibenden in den Menschen, ihres Verlangens nach Befriedigung, Lust, Glück, umgebogen.

Sind Triebe und Bedürfnisse noch fortschrittlich unter diesen Umständen? Ist an den materiellen Interessen noch etwas Wesentliches zu fassen?
Das, was gelegentlich repressive Befriedigung genannt wird, erscheint jetzt als korumpierender Gebrauchswert. Dieser dominiert vor allem in der Branche des Scheins als Ware. Der korumpierende Gebrauchswert wirkt zurück auf die Bedürfnisstruktur der Konsumenten, denen

er sich einprägt zu einem korrumpierten Gebrauchswertstandpunkt. Die korrumpierenden Wirkungen von geradezu anthropologischem Ausmaß, die ein bloßer Nebeneffekt der Dynamik des kapitalistischen Profitstrebens sind, sind verheerend. Den Leuten ist das Bewußtsein abgekauft. (S. 155)

Sexualität als Ware kommt zugleich auf den historisch unterschiedlichsten und am weitesten auseinander liegenden Entwicklungsstufen vor. Die Prostitution steht auf dem Niveau der einfachen Warenproduktion, die Zuhälterei auf dem des Verlagskapitalismus, das Bordell auf dem der Manufaktur — all diesen Formen der Sexualität als Ware ist gemein, daß der Gebrauchswert noch in unmittelbarer sinnlich-leibhafter Berührung realisiert wird. Industriekapitalistisch verwertbar ist die sexuelle Sinnlichkeit nur in abstrahierter Form. Die bloße Ansicht oder ein bloßes Geräusch oder gar eine Verbindung beider kann aufgenommen und massenhaft reproduziert werden, in technisch unbegrenzter, praktisch nur vom Markt begrenzter Auflage. Im Zustand allgemeiner sexueller Unterdrückung liegt der Gebrauchswert des bloßen sexuellen Scheins etwa in der Befriedigung der Schaulust. Diese Befriedigung mit einem Gebrauchswert, dessen spezifische Natur es ist, Schein zu sein, kann Scheinbefriedigung genannt werden. Für die Scheinbefriedigung mit sexuellem Schein ist charakteristisch, daß sie die Nachfrage nach ihr zugleich mit der Befriedigung reproduziert und zwanghaft fixiert. Wenn Schuldgefühle und Angst, die sie verursachen, den Weg zum Sexualobjekt erschweren, dann springt die Ware Sexualität als Schein ein, vermittelt die Erregung und eine gewisse Befriedigung, die im sinnlich-leibhaften Kontakt nur schwer zu entwickeln wären. Durch diese Art scheinhaft widerstandsloser Befriedigung droht die Möglichkeit der direkten Lust nun vollends amputiert zu werden. Hier wirkt die für die massenhafte Verwertung allein geeignete Form des Gebrauchswerts zurück auf die Bedürfnisstruktur der Menschen. So wird ein allgemeiner Voyeurismus verstärkt, habitualisiert, und werden damit die Menschen in ihrer Triebstruktur auf ihn festgelegt. (S. 156/157)

Solange die ökonomische Funktionsbestimmtheit der Warenästhetik besteht, gerade also, solange das Profitinteresse sie antreibt, behält sie ihre zweideutige Tendenz: indem sie sich den Menschen andient, um sich ihrer zu vergewissern, holt sie Wunsch um Wunsch ans Licht. Sie befriedigt sie nur mit Schein, macht eher hungrig als satt. Als falsche Lösung des Widerspruchs reproduziert sie den Widerspruch in anderer Form und vielleicht desto weiter reichend. (S. 158)

Dieter Prokop

aus: Zum Problem von Produktion und Kommunikation im Bereich der
Massenmedien, in: Massenkommunikationsforschung 1: Produktion,
hrsg. v. D. Prokop, Frankfurt 1972, S. 21-24

Während die positivistische Theorie zur Legitimation des bestehenden Systems — und zu deren Nachvollzug in der Theorie —
des Pluralismus als *formaler* Bestimmung notwendig bedarf, wendet sich die *„kritische Produktionsforschung"* [53] durchaus den
Inhalten zu. Sie betrachtet die Medien nicht unter dem Legiti-
mationsaspekt, sondern im Rahmen einer mehr oder weniger ex-
pliziten Strategie, die Emanzipation der Massen und demokratische Umstrukturierung befördern will. Der positivisti-
schen Forschung genügt die reine Tatsache des Meinungsspek-
trums als solche; darüber hinaus ist ihr das bestehende Angebot Spiegel der Bedürfnisse. Vom Standpunkt des „objektiven" Interesses der Massen, den dagegen die kritischen Auf-
klärer für sich als erkannt in Anspruch nehmen, kommen
jene zu dem Ergebnis, daß sich die Sache umgekehrt verhält:
daß die *wesentlichen* Bedürfnisse der Massen nicht gespiegelt
werden. Eben der Schritt der Vermittlung zwischen „wahren"
und „falschen" Bedürfnissen der Massen im bestehenden Angebot, der erst relevante Ansatzpunkte an Emanzipation orien-
tierter Kritik liefern würde, wird von ihnen aber unterschla-
gen. Dies zeigt sich deutlich an der naiven Betrachtung des
Anspruchs der Massen auf „Unterhaltung": Das Ideal der
kritischen Produktionsforschung ist die „reine Information"
über politische, ökonomische und soziale Angelegenheiten,
deren aufklärenden Charakter sie in der Freiheit dieser Information von allen Wertungen, unterhaltenden oder amuse-
menthaften Elementen, von Vermenschlichungen und Senti-
mentalisierungen, von Personalisierungen und Dramatisie-
rungen gewährleistet sieht: „„ — Orientierung und Aufklärung, Kritik und Kontrolle durch Presse, Rundfunk, Fernsehen drohen hinter der Quantität des Unterhaltungsstoffes
und der allzu sehr durch ablenkende Effekte aufpolierten
Information zu verschwinden; — die ernstzunehmende Arbeit der Medien wird zu oft mit ‚menschlichinteressanten'
und sentimentalen Elementen durchsetzt und so auf das Niveau von Unterhaltung gebracht; — die unterhaltenden Elemente schleppen genau die Stereotypen, Irrationalitäten und
Ideologien, Ängste und Unsicherheiten, Frustrationen und
Aggressionen wieder ein, die abzubauen die informierenden,

kommentierenden, kritisierenden und kontrollierenden Beiträge gerade zur Aufgabe haben sollen."[54] Am Angebot
wird kritisiert, daß es „durch eine Fülle von Verschleierungs-
und Verführungstaktiken das Publikum um die Möglichkeit
bringt, die Bedingungen der eigenen Lebenspraxis und der
gesamtgesellschaftlichen Konstellationen zu erkennen und
daraus Handlungsanweisungen zu gewinnen, die ein auf effektiver, in Solidarität mit anderen praktizierter Selbstbestimmung basierendes Verhalten des einzelnen fördern und damit eine Gesellschaft materieller und sozialer Gerechtigkeit
und politisch-moralischer Rationalität herstellen helfen"[55]
Gerade wenn sie mit der einfachen Dichotomie von „bewußtseins-
deformierender Unterhaltung" und „Information", von „Traum-
weltlichem" und „Gesellschaftlich-Realem"[56] arbeitet, verkürzt
die kritische Produktionsforschung Produktion um ihre kommu-
nikativen und konsumtiven Aspekte. Produktives Konsumtions-
bewußtsein wird reduziert auf das Sammeln und Verarbeiten wissenschaftlicher Informationen, also auf einen Begriff von Produktion, der die Vermittlung von Theorie zu den emanzipativen Mo-
menten: zu Glücksansprüchen, Sinnlichkeit, Lust und freiem Leben ausschließt. Die kritische Produktionsforschung ist sich der
strukturellen Mechanismen im Produktionsbereich der Massenkommunikation zwar bewußt. Zugleich verkürzt sie aber die Warenproduktion auf die Vorgänge im Produktionsbereich, als wir-
ke auf ein gegenüber dem Warencharakter sich neutral verhalten-
des Konsumentenpublikum der „Warencharakter" einseitig ein:
„Die Tendenz des Publiklums zur Unterhaltung", so schreibt
Horst Holzer, „die sich — bei aller Vorsicht gegenüber den ange-
deuteten empirischen Daten — feststellen läßt, weist auf die entscheidenden Probleme hin, die jeder Analyse von Presse, Rundfunk und Fernsehen zugrunde liegen sollten: *der Warencharakter
des massenmedialen Angebots und dessen Wirkung auf das Bewußtsein der Konsumenten.*"[57] Entsprechend glaubt die kritische Produktionsforschung, durch Änderung der Verfügungsgewalt bzw. durch jene vorbereitenden Vorschläge: durch Forderung einer Kommission, die gegen die Konzentration argumen-
tiert; einer Anzeigengenossenschaft, die Anzeigen gleichmäßig
verteilt; durch Forderung von Publikumskommissionen, „die Bewußtseinsindustrie im Nerv zu treffen"[58], da auf diese Weise die
Gesellschaftsmitglieder bzw. ihre „Interessenvertreter" selbst dafür sorgen würden und könnten, daß die objektive Realität der gesellschaftlichen Lage der Massen widergespiegelt würde: „Eine

solche Mitbestimmung des Publikums wäre denkbar in Form von Beiräten, die den Journalistenkollektiven zugeordnet sind und in die die sozialen Gruppen, aus welchen sich das Publikum rekrutiert, in entsprechenden Proportionen ihre Interessenvertreter schicken. Diese Interessenvertreter könnten aus bereits vorhandenen Organisationen (Gewerkschaften, Verbraucherverbände) oder aber aus neu zu gründenden Publikumsgesellschaften — Gesellschaften also, in denen sich das massenmediale Publikum organisiert — kommen. Solche Publikumsgesellschaften müßten zumindest — auch hier könnten die Gewerkschaften, beispielsweise über Betriebsgruppen, die Initiative ergreifen — für die großen bundesdeutschen Verlagskonzerne etabliert werden. Vor den Vertretern dieser Gesellschaften wie anderer Organisationen hätten die Journalistenkollektive die Redaktionspolitik und das kaufmännische Direktorium die Finanzsituation offenzulegen."[59] Sie entwirft Modelle von journalistischer Mitbestimmung, die davon ausgehen, „(...) daß die Journalisten — als die eigentlichen Produzenten des massenmedialen Informations- und Unterhaltungsangebots — über Qualität, Herstellung und Verwendung selbst zu entscheiden haben und an Verteilung wie Nutzung des erwirtschafteten Gewinns zu beteiligen sind."[60] Und sie sieht — von ihrem verkürzten Produktionsbegriff her konsequent — Freiheit von Ideologie vor allem durch die autoritären Bürokratien des Ostblocks gewährleistet, die die Kontrolle der Produktionsmittel übernommen haben.[61]

Die „wahren" Bedürfnisse der Massen können jedoch nicht abstrakt auf die notwendige Änderung der Verfügungsgewalt über die Produktionsmittel, auf die Überführung der oligopolitischen Konkurrenz profitorientierter Großbetriebe in gesamtgesellschaftliche Planung reduziert werden. Solange die Vermittlung dieser theoretischen Postulate zum empirischen Lebens- und Interessenzusammenhang des Subjekts dieser Veränderung, des Produzenten des gesellschaftlichen Reichtums, ausgelassen wird, folgen aus abstrakt richtigen theoretischen Einsichten formalistisch-bürokratische Mittel der Durchsetzung. Die Ziele einer an Emanzipation orientierten Theorie, die ihren konkreten Inhalt nur aus der Selbsttätigkeit der assoziierten Produzenten gewinnt, gerinnen im bürokratischen Zusammenhang zu technokratischen Forderungen nach „rationaler", effektiver Verwaltung analog zu der Situation in den „staatssozialistischen" Ländern. Es geht eben nicht nur darum, in die bestehenden Organisationsstrukturen von Konzernen, Parteien und Verbänden auf der ökonomischen und politischen Ebene „demokratische Kontrolle" einzuführen, sondern darum, die

Institutionen, die die Tauschabstraktion auf den Massenmärkten, im sozialen und politischen Leben verkörpern, in ihrem Fetischcharakter für die Massen durchschaubar zu machen.

Da die kritische Produktionsforschung die Problematik der Medienproduktion unter monopolistischen Bedingungen gar nicht in der Abstraktion als solcher sieht — und zudem monopolistische Bedingungen ökonomisch reduziert —, bleibt sie gegenüber den Macht- und Herrschaftsinteressen blind, die *in den Tausch selbst* eingehen und die einzelnen Tauschenden auf einen individuellen Solipsismus, die Rezipienten auf die „Ein-Weg-Kommunikation" verweisen. Wird der Objektcharakter der Massen nicht aufgehoben, so wird auch bei formaler Vergesellschaftung der Produktionsmittel das Herrschaftsverhältnis auf der institutionellen Ebene „abgebildet". Emanzipative Veränderung kann sich deshalb auch nicht mit der Abbildung gesellschaftlicher Vorgänge in den Produkten der Medien: mit „Information", mit abstraktnaturwissenschaftlicher „Theorie" und schon gar nicht mit abstrakter Darstellung und Verherrlichung des „Kollektivs" begnügen; dies produziert lediglich abstraktes Totalitätsbewußtsein auf der einen und passive Konsumhaltung auf der anderen Seite.

Die kritische Produktionsforschung klammert zwar nicht die gesellschaftliche Objektivität aus; aber sie eliminiert mit der Abbildtheorie die Möglichkeit der Vermittlung objektiver Widersprüche über das Subjekt. Ihr Begriff von Objektivität ist gegen das Subjekt und gegen die angesichts von Naturgesetzen scheinbar ohnmächtige produktive Spontaneität gerichtet. Deshalb spielt Ästhetik in ihren Überlegungen keine Rolle. Emanzipative Kulturproduktion kann aber nicht eine naturgesetzlich ablaufende „objektive Realität" *abbilden*, sondern sie muß die spontanen Bedürfnisse, Interessen und Erkenntnisse der Massen — das bedeutet: strukturell auch vorbereiteter Gruppen — in reichhaltige, mehrdeutige Bilder, in symbolisch verschlüsselte Chiffren *übersetzen* und damit erst thematisieren; sie muß die Erfahrungen der Massen artikulieren und sie durch Phantastik, Melodramatik und Theatralik — nicht durch Identifikationsdramatik, sondern durch die des epischen Theaters —, durch Provokation von Erkenntnis vom Detail her zur Theorie vermitteln: über die Bilder, die in den Individuen, sei es im Traum oder im Vorbewußten, — unaufgegriffen von den Institututionen — die Erinnerung an Glück und freies Leben (und zugleich deren Zensur) bewahren. (S. 21 — 24)

Anmerkungen zu Prokop:

53   Hiermit sind nicht die Arbeiten Theodor W. Adornos und Max Horkheimers (vgl. Th. W. Adorno, Resume über Kulturindustrie; in diesem Band) gemeint, sondern die Horst Holzers u.a. Vgl. in diesem Band: Horst Holzer, Massenkommunikation und Demokratie; Horst Holzer und Joseph Schmid, Alternativen; Wolfram Schütte, Von einer Notwendigkeit und einem langen Weg. Plädoyer für eine IGMassenkommunikation. Vgl. außerdem: Ralf Zoll (Hrsg.), Manipulation der Meinungsbildung, Köln 1971.

Unter diese Rubrik gehört auch die „marxistisch-leninistische" Position, die konsequenter und manifester als Holzer u.a. die dennoch bei ihm auch implizierte Manipulations- und Widerspiegelungstheorie formuliert, vgl. in diesem Band: Klaus Kreimeier, Grundsätzliche Überlegungen zu einer materialistischen Theorie der Massenmedien. Vgl. außerdem z.B.: Friedrich Knilli (Hrsg.), Die Unterhaltung der deutschen Fernsehfamilie, ideologiekritische Untersuchungen, München 1971, insbes. S. 16

54   Horst Holzer, Massenkommunikation und Demokratie in der Bundesrepublik Deutschland, in: Karl Martin Bolte, Friedhelm Neidhart, Horst Holzer, Deutsche Gesellschaft im Wandel, Bd. 2, Opladen 1970, 187 – 278, S. 235

55   Horst Holzer, Gescheiterte Aufklärung? München 1971, S. 231

56   Horst Holzer, Massenkommunikation und Demokratie in der Bundesrepublik Deutschalnd, a.a.O., S. 239

57   Horst Holzer, a.a.O., S. 210

58   Horst Holzer und Joseph Schmid, Alternativen; in diesem Band S. 131

59   Horst Holzer und Joseph Schmid, Alternativen, a.a.O., S. 133 f

60   Horst Holzer und Joseph Schmid, a.a.O., S. 133

61   Vgl. Horst Holzer und Conrad Schuhler, Presse, Funk und Fernsehen in der BRD, in: Kürbiskern 3/1971, S. 402 – 420, insbes. S. 416 über die angeblich „entideologisierende" Rolle der Sowjetunion in der Frage des Satellitenfernsehens. Vgl. auch Wolfgang Fritz Haug, Die Rolle des Ästhetischen bei der Scheinlösung von Grundwidersprüchen der kapitalistischen Gesellschaft, in: Das Argument 64, 13 (1971) 190 – 213, insbes. S. 212; und: Klaus Kreimeier, Grundsätzliche Überlegungen zu einer materialistischen Theorie der Massenmedien, in diesem Band S. 419 f.

MASSENKOMMUNIKATION

Massenkommunikation

aus: Gerhard Maletzke, Grundbegriffe der Massenkommunikation. Institut für Film und Bild in Wissenschaft und Unterricht, München 26, Museumsinsel 1, S. 31, S. 32, S. 35

Der Begriff „Massenkommunikation", eine direkte Übersetzung des anglo-amerikanischen Wortes „Mass communication", hat sich im deutschen Sprachgebiet — zum mindesten in der wissenschaftlichen Fachsprache — weithin eingebürgert. Äußerlich betrachtet versteht man darunter die Prozesse im Bereich der „Massenmedien" Presse, Film, Rundfunk, Fernsehen und Schallplatte. Die Massenkommunikation ist ein Spezialfall der Kommunikation überhaupt. (S. 31)

Unter Massenkommunikation verstehen wir jene Form der Kommunikation, bei der Aussagen öffentlich (also ohne begrenzte und personell definierte Empfängerschaft) durch technische Verbreitungsmittel (Medien) indirekt (also bei räumlicher oder zeitlicher oder raumzeitlicher Distanz zwischen der Kommunikationspartnern) und einseitig (also ohne Rollenwechsel zwischen Aussagendem und Aufnehmendem) an ein disperses Publikum vermittelt werden. (S. 32)

Fragen wir nun, welche Erscheinungen des öffentlichen Lebens auf Grund dieser Definition zur Massenkommunikation zu rechnen sind, so ergeben sich fünf Phänomene, auf die diese Definition in vollem Umfange zutrifft: *Presse, Film, Schallplatte, Rundfunk und Fernsehen.* Dabei unterscheiden sich diese fünf Aussagemittel voneinander primär durch die Technik der Verbreitung der Aussagen; doch resultiert sekundär aus diesen technischen Varianten eine Fülle von psychologischen, soziologischen, ästhetischen und anderen Merkmalen, durch die sich die Medien entscheidend voneinander abheben. (S. 35)

Ein Feldschema der Prozesse in der Massenkommunikation

aus: Gerhard Maletzke, Psychologie der Massenkommunikation. Theorie und Systematik. Verlag Hans Bredow-Institut, Hamburg 1963, S. 38, 39, 40, 41

Dem naiven Betrachter stellt sich die Massenkommunikation in der Form dar, daß eine Aussage (A) auf einen (isoliert gedachten) Rezipienten (R) trifft, der dabei etwas „*erlebt*" und bei dem dadurch etwas „*bewirkt*" wird. ... Nun erreicht in der Massenkommunikation die Aussage den Rezipienten immer nur durch eines der Massenmedien (M), und jedes Medium bringt auf Grund seiner technischen Eigenarten für den Rezipienten bestimmte Modifikationen der Wahrnehmungs- und Erlebensprozesse und dadurch auch der Wirkungen mit sich. ... Die Medien kommen dem Rezipienten mit einem überaus großen Angebot von Aussagen entgegen, aus denen der Rezipient, sobald er in das Feld der Massenkommunikation eintritt, einige auswählt und auf sich einwirken läßt, andere zurückweist oder unbeachtet läßt. (S. 38)

Welche Aussagen er auswählt, wie er sie erlebt und welche Wirkungen daraus resultieren, hängt in hohem Maße vom Rezipienten als Individuum mit einer bestimmten *Persönlichkeitsstruktur* ab, von seiner Entwicklung und Erfahrung, seiner Intelligenz und seinen Interessen, seinen Meinungen und Attitüden, jeweils überlagert und überformt von seiner Augenblickssituation und -befindlichkeit.
Ferner ist der Rezipient niemals isoliertes Individuum, sondern er ist zum einen stets in zahlreiche *allgemeine soziale Mitweltbeziehungen* verflochten, zum anderen wird er durch seine Zuwendung zu einer Aussage *Glied eines dispersen Publikums.* Außerdem werden Selektion, Erleben und Wirkung beim Rezipienten auch durch das *Bild* mitgeformt, das er *von sich selbst,* seinem Standort sowie seinen Rollen und Funktionen im sozialen System hat. Weiterhin schreibt das jeweilige Medium auf Grund seiner technischen Eigenarten gewisse Verhaltens- und Erlebensweisen vor, so daß dieser unter einem „*Zwang des Mediums*" steht. Und schließlich prägt sich beim Rezipienten ein *Bild vom Medium* aus. (S. 39)

Die Entscheidung darüber, welche Aussagen produziert und angeboten werden und wie sie gestaltet sind, liegt beim *Kommunikator,* der also in den Akten der Selektion und Produktion mit seiner *Persönlichkeit*, der jeweiligen Situation und seinen Intentionen entscheidend in den Prozeß der Massenkommunikation eingreift. Zu der Situation gehören auch seine zahlreichen allgemeinen *sozialen Relationen*, ferner die Tatsache, daß der Kommunikator in der Massenkommunikation fast immer in einem *Team* arbeitet, das wiederum einer *Produktionsinstitution* eingegliedert ist.
Selektion des Stoffes und Produktion der Aussage hängen weiterhin in hohem Maße von dem *Bild* ab, *das der Kommunikator von sich selbst* hat, von seinem Beruf und seinen Aufgaben, von seiner Rolle und Funktion innerhalb des Teams, der Institution und der Gesellschaft ganz allgemein.
Auch die eigene Aussage wirkt – wie später zu zeigen sein wird –

auf ihren Urheber zurück, und zwar sowohl die einzelne Aussage, als auch das, was wir als „Programm" bezeichnen, also die Gesamtheit aller Aussagen einer Zeitung, einer Rundfunkgesellschaft usw. in einer Ausgabe, an einem Tag, in einer Woche oder einem anderen abgegrenzten Zeitraum. Der Kommunikator steht somit unter dem *Zwang der Aussage bzw. des Programms.*
Darüberhinaus wirkt auf ihn der *Zwang des Mediums* ein, das auf Grund seiner technischen Gegebenheiten bestimmte Themen und Formen nahelegt oder gar vorschreibt, andere dagegen ausschließt. ... Der Kommunikator unterliegt einem *Zwang der Öffentlichkeit.* (S. 40)

Weite und wichtige Kreise reagieren — oft sogar besonders empfindlich — auch auf Aussagen, die sie nur aus zweiter Hand erfahren haben.
Recht oft versuchen Rezipienten, die Einseitigkeit der Massenkommunikation durch Antworten, Anfragen, Beschwerden, Vorschläge usw. zu überwinden.
Schließlich wird der Prozeß der Massenkommunikation durch die Bilder modifiziert, die sich die Kommunikationspartner voneinander machen, also durch das *Bild vom Kommunikator beim Rezipienten* und durch das *Bild des Rezipienten beim Kommunikator.*
Damit ergibt sich für die Prozesse der Massenkommunikation das folgende Schema: (S. 41)

Bild 7

Schema des Feldes der MK

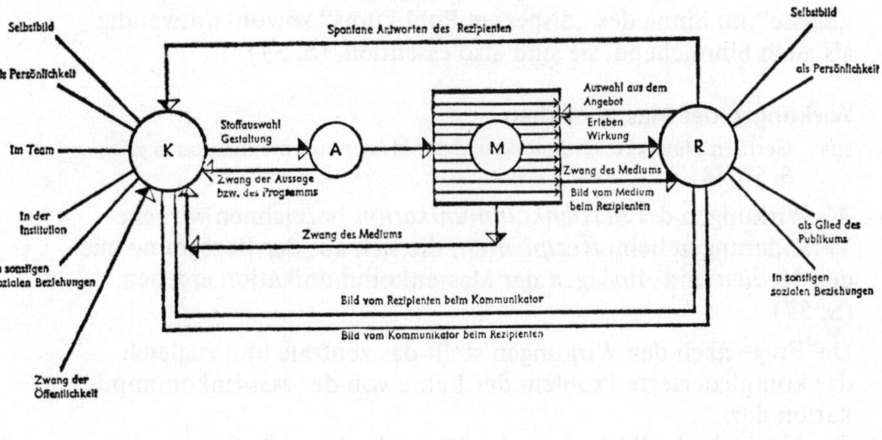

Publikum

aus: Gerhard Maletzke, Grundbegriffe der Massenkommunikation, a.a.O., S. 34

In den wenigen Fällen, in denen bisher versucht wurde, die spezifischen Merkmale des Publikums der Massenkommunikation systematisch herauszuarbeiten, wurden essentielle und akzidentielle Merkmale recht wahllos nebeneinander gestellt. Als *essentielle,* echt konstitutive Merkmale, also als Charakteristika, die wesentlich und unabdingbar das „disperse Publikum" der Massenkommunikation kennzeichnen, sind folgende zu nennen:

1. Das disperse Publikum konstituiert sich durch die gemeinsame Zuwendung mehrerer, in der Regel vieler Menschen zu einem gemeinsamen Gegenstand, nämlich zu den Aussagen der Massenkommunikation.
2. Die Aussagen, denen sich die Glieder des dispersen Publikums zuwenden, werden durch Massenmedien, also nicht in direkter persönlicher Kommunikation vermittelt.
3. Die Glieder eines dispersen Publikums stellen in ihrer Gesamtheit ein Aggregat von räumlich voneinander getrennten Individuen oder von relativ kleinen an einem Ort versammelten Gruppen dar. Die „relativ kleinen Gruppen" erstrecken sich von einem Menschenpaar über strukturierte kleinere Gruppen, wie etwa die Familie bis zu den Zuschauern einer Kinovorstellung oder auch bis zu einem Großbetrieb, dessen Angehörige in Gemeinschaftsempfang eine Rundfunk- oder Fernsehsendung erleben.

Diese drei Merkmale sind als konstitutive Charakteristika für die „Masse" im Sinne des „dispersen Publikums" sowohl notwendig als auch hinreichend, sie sind also essentiell. (S. 34)

Wirkungen der Massenmedien

aus: Gerhard Maletzke, Grundbegriffe der Massenkommunikation, a.a.O., S. 57, 58

Als Wirkungen der *Massenkommunikation* bezeichnen wir jene Veränderungen beim *Rezipienten,* die sich aus der Begegnung mit den *Medien* und *Aussagen* der Massenkommunikation ergeben. (S. 57)

Die Frage nach den Wirkungen stellt das zentrale und zugleich das komplizierteste Problem der Lehre von der Massenkommunikation dar.
Der Versuch, die Wirkungen der Massenkommunikation zu gliedern, also *Arten von Wirkungen* herauszuarbeiten, stößt auf gros-

se Schwierigkeiten, vor allem weil die verschiedenen menschlichen Bereiche, in denen sich Wirkungen zeigen können, so eng miteinander zusammenhängen, daß Veränderungen im einen Bereich oft auch Änderungen in den anderen Bereichen mit sich bringen. Wenn beispielsweise durch die Massenkommunikation die Meinungen und Attitüden eines Menschen beeinflußt werden, so müssen wir damit rechnen, daß sich auch sein Wissen, seine Antriebslage, seine emotionale Reaktionsbasis und sein Verhalten ändern.

Im Bewußtsein dieser Zusammenhänge lassen sich sechs Arten von Wirkungen ausgliedern, nämlich Veränderungen

1. im Verhalten,
2. im Wissen,
3. in den Meinungen und Attitüden,
4. im emotionalen Bereich,
5. in den Tiefensphären des Psychischen,
6. im physischen Bereich. (S. 58)

Vorbild, Leitbild, Held, Idol

a us: Gerhard Maletzke, Psychologie der Massenkommunikation, a.a.O., S. 119, 120, 121, 122, 123, 124, 125, 126.

Verstehen wir unter *Vorbild* „eine historische Gestalt oder lebende Persönlichkeit, deren Verhalten nachgeahmt wird oder deren Zielsetzungen man nachfolgt", so bedarf es keines Beweises, daß der Kommunikator in der Massenkommunikation für den Rezipienten Vorbild sein kann.

... *Däumling* faßt das Leitbild als ein Bild des Menschen von sich selbst, das „zielbezogen, stilbildend und vorwiegend unbewußt wirkt" auf. Demnach verläuft der psychische Prozeß beim *Vorbild* primär von außen nach innen, beim *Leitbild* dagegen von innen nach außen. Diese Unterscheidung läßt sich ohne weiteres auch auf die Begegnung des Rezipienten mit dem Kommunikator der Massenkommunikation anwenden. Der Kommunikator kann durch seine Persönlichkeit das Leitbild des Rezipienten partiell verändern, er kann aber auch dem Rezipienten als Verkörperung seines personalen Leitbildes dienen. (S. 119)

Das Wesen der Identifikation, zunächst von *Freud* im Rahmen seiner Neurosenlehre entwickelt und dann von ihm auch auf das „normale" Seelenleben ausgedehnt, läßt sich ganz allgemein beschreiben als „jenes Einsfühlen und jene Einswerdung mit einer anderen Person, in der das *eigene* Ich an deren Stelle tritt und nun deren Rolle übernimmt. Es ist also eine Art Vertauschung des eigenen Ichs mit einem fremden, uns mehr oder minder bekannten".

... Nahezu ungeklärt ist die eminent wichtige Frage, ob und in welcher Hinsicht die Identifikation unter den wesenseigenen Bedingungen der Massenkommunikation sich von der „normalen" Identifikation mit persönlich bekannten Personen unterscheidet. (S. 120)

Zunächst einmal erhebt sich die Frage, ob die Identifikation in der Massenkommunikation für den Rezipienten spezielle Funktionen erfüllt, Funktionen also, die ihm die direkte persönliche Kommunikation nicht oder doch nur in geringem Ausmaße bieten kann.

... In der Identifikation, so nimmt die Tiefenpsychologie an, erreicht der Mensch eine „Ersatzbefriedigung" von frustrierten Antrieben, die sich sonst, bei zu starker Frustration, schädlich auswirken würden.

Zwei Funktionen, Lernen und Ersatzbefriedigung, sind es also, die der Identifikation im wesentlichen zuzuschreiben sind. Und in beiden Richtungen vermag offensichtlich die Massenkommunikation mehr zu leisten als die direkte persönliche Kommunikation. Der Kreis der Personen, denen ein Mensch in der Realität begegnet und mit denen er sich identifizieren kann, ist im Regelfall nicht nur quantitativ recht klein, sondern auch typologisch eng begrenzt. Daher bleiben zahlreiche und oft sehr starke Identifikationswünsche und -bedürfnisse unerfüllt. Nicht jeder Mensch findet in seinem realen sozialen Umfeld reiche und mächtige Persönlichkeiten, Liebes- oder Geselligkeitspartner, Künstler und Verbrecher, Heilige und Neurotiker. Die Massenkommunikation bietet eine Fülle derartiger Figuren an; der Kreis potentieller Identifikationsobjekte wird durch die Massenkommunikation um ein Vielfaches erweitert. – Darüber hinaus strebt der Mensch als phantasiebegabtes, von Raum und Zeit geistig unabhängiges Wesen nach der Begegnung mit Identifikationsfiguren, die es in der Realität nicht gibt; er sucht – darüber wird bei der funktionalen Betrachtung der Massenkommunikation mehr zu sagen sein – Märchen- und Fabelwesen, Engel und Teufel, den Helden, den Übermenschen, den Supermann, das Idealbild. (S. 121)

Bietet somit die Massenkommunikation mehr und andere Identifikationsmöglichkeiten als das reale persönliche Umfeld des Menschen, so ist andererseits die Wirkung der Identifikation in der Massenkommunikation im Vergleich zur Identifikation mit den Eltern oder anderen vertrauten Personen des Intimbereichs be-

grenzt durch die Tatsache, daß die Begegnung mit den Kommunikatoren der Massenkommunikation immer nur relativ kurze Zeit währt und selbst bei Widerholungen durch größere Zeiträume unterbrochen wird. So nimmt auch *Toman* an, diese „partiellen und passageren" Identifikationen führten „in der Regel nur mehr zu geringen oder gar keinen Strukturveränderungen der Psyche".
... Während in der direkten persönlichen Identifikation der Mensch sich ständig der Tatsache bewußt bleibt, daß er selbst es ist, der in Beziehungen zum Anderen steht, während also zwar das Bild des Anderen zum Teil in das Selbst hineingenommen, das Selbst-Bewußtsein aber nicht eingeschränkt wird, nimmt der nur Zuschauende die Identifikationsfigur in weit höherem Maße in sich auf und gibt sein Selbst dabei preis, er „wird" weitgehend der Andere. (S. 122)

Eine andere noch gänzlich offene Frage ist die, ob die verschiedenen *Arten oder Formen* von Identifikation im Bereich der Massenkommunikation typisch von der „normalen" Identifikation abweichen. Wenn beispielsweise *Musatti* drei Arten von Identifikation anführt, nämlich:

„Identifikation mit dem geliebten Objekt, das aber verloren, verboten wurde oder unerreichbar geworden ist (tröstliche Identifizierung);
Identifikation mit einer Person, an deren Platz wir gern sein möchten (eifersüchtige Identifizierung)
Identifikation mit einer Person, die wie wir fühlt, in Sympathie zu uns steht in Beziehung auf Zuneigung (sympathische Identifizierung)",

oder wenn *Zieris* die Formen der dynamischen, der bestätigenden und der bewahrenden oder verteidigenden Identifikation entwirft (F. Zieris, Zur Identifikation bei Film und Fernsehen), so wäre vergleichend zu untersuchen, wie diese Formen einmal in der direkten persönlichen Identifikation, zum anderen innerhalb der Massenkommunikation auftreten.
... Der Rezipient identifiziert sich keineswegs nur mit der Hauptfigur der Handlung, mit dem „Helden", sondern oft auch mit kleinen Rollen, mit Nebenfiguren, und häufig gerade mit solchen, von denen es der Kommunikator weder erwartet noch beabsichtigt hat. Diese Erscheinung, die vor allem bei Kindern zu beobachten ist, führt leicht zu unerwünschten Wirkungen und bedarf daher eines intensiven Studiums.
Der Rezipient identifiziert sich nicht nur mit guten Charakteren, sondern – in einer im Einzelfalle höchst komplizierten Abfolge

und Überlagerung – auch mit anderen Figuren. (S. 123)

Eine verwickelte Situation resultiert häufig daraus, daß die Identifikationsfigur einerseits ein Schauspieler ist, den man unabhängig von der jeweiligen Rolle kennt und mit dem man sich bis zu einem gewissen Grade als Verehrer, Bewunderer oder „Fan" identifiziert, daß dieser Schauspieler zugleich aber auch eine Rollenfigur darstellt, die ebenfalls in hohem Maße der Identifikation dient.

Ferner hat bisher die Diskussion allzu einseitig um die Identifikation mit Schauspielern und Rollenfiguren gekreist und dabei vernachlässigt, daß im Rahmen der Massenkommunikation auch eine Identifikation mit zahlreichen anderen Arten von Kommunikatoren möglich, ja wahrscheinlich ist, etwa mit Kommentatoren, Leitartiklern, Sprechern und Ansagerinnen, Politikern, Sängern usw.

In der Literatur wird „Identifikation" häufig in einem sehr allgemeinen und weiten Sinne verwendet. So heißt es oft, der Rezipient identifiziere sich nicht nur mit Menschen, sondern auch mit der Handlung und mit den Ideen, die in der Aussage sichtbar werden. Um der Klarheit willen scheint es jedoch besser, den Begriff der „Identifikation" auf die Beziehung eines Individuums zu einem anderen Individuum zu beschränken und in den anderen Fällen von „Ich-Beteiligung" oder „Einbezogenwerden" zu sprechen. (S. 124)

Identifikation ist offensichtlich auch am Werke, wenn beim weiblichen Publikum weibliche und beim männlichen Publikum männliche Stars populär sind (P. R. Hofstätter, Die Psychologie der öffentlichen Meinung, S. 86), oder wenn eine Beobachtung der Augenbewegungen bei Filmzuschauern zeigt, daß Frauen längere Zeit die Heldinnen, Männer länger die Helden betrachten, (E. E. Maccoby, W. C. Wilson, R. V. Burton, Differential movieviewing behavoir of male and female viewers), oder wenn Kinder sich besser an die Handlungen und Worte von Filmfiguren des eigenen Geschlechts erinnern (E. E. Maccoby, W. C. Wilson, Identification and observational learning from films). Doch gilt die sich darin abzeichnende Regel, daß sich der Mensch besonders gern und leicht mit Figuren gleicher Gruppenzugehörigkeit identifiziert, nicht unbedingt: Unter Umständen richtet sich die Identifikation besonders stark auf Mitglieder von Gruppen, denen man gern angehören *möchte* (E. E. Maccoby, W. C. Wilson, a.a.O.; ferner P. R. Hofstätter, Die Psychologie der öffentlichen Meinung, S. 87 ff.). (S. 125/6)

Die soziale Distanz der Identifikationsfiguren

aus: Heiner Schäfer, Schichten- und gruppenspezifische Manipulation in der Massenpresse. In: Prokop, Massenkommunikationsforschung, 1. Produktion, Fischer, Frankfurt 1972. Oder in: Brokmeier (Hrsg.), Kapitalismus und Pressefreiheit, Frankfurt 1969

Je tiefer der soziale Status der Leser, desto entfernter der der Identifikationsfiguren. Je unangenehmer die Wirklichkeit der Leser, desto weiter gilt es, sie zu entrücken. Der Bezug zu ihrem eigenen Leben ist nur auf eine hintergründig emotionale Weise möglich. Es ist paradox: je stärker die Diskrepanz zwischen Wirklichkeit und Traumwelt, desto weniger wahrscheinlich (S. 70) wird dieser Umstand vom Leser als störend empfunden.

Den Weg zur kommerziellen Ausschlachtung dieser Entrückung zeigen die Marktforscher sehr deutlich: „Wir stellten fest, daß der Leser des Neuen Blattes in einer gewissen Abgeschlossenheit lebt und den Wunsch nach Kontakt und Teilnahme anderer hat. Dieser Wunsch wird befriedigt durch die Berichte über ‚Sensationen‘ und Neuigkeiten, die er im Neuen Blatt findet. Einen extremen Bereich stellt hier die Titelseite der Zeitschrift dar, die meist über Geschehnisse oder Personen berichtet, die dem Lebensbereich des Lesers sehr fern stehen. Er findet darin einen gewissen Ausgleich für die Probleme und Sorgen des Alltags ... Das Neue Blatt bedeutet dem sozial Isolierten eine Welt, in der er eine umfassende Bestätigung erfährt und bietet ihm gleichzeitig Ersatz für das Erleben der Wirklichkeit. Seine Beziehung zur Zeitschrift ist daher vorwiegend emotional bestimmt. Und seine Bindung an die Zeitschrift ist besonders fest verankert". „Dabei ist die Aktualität des Neuen Blattes nicht diejenige einer Tageszeitung, die bestrebt ist, Informationen möglichst schnell zu übermitteln: Für den Leser spielt sich das Geschehen erst während des Lesens, sozusagen auf den Seiten der Zeitschrift ab. Die Aktualität ist damit vom objektiven Erlebnis auf die Schilderung in der Zeitschrift verschoben. ... Das ist eine Form des Aktualitätserlebnisses, die man als Spannung bezeichnen kann. Sie wird erzeugt durch die Vorfreude auf den Lesestoff, der nicht mehr als Bericht über ein tatsächliches Ereignis, sondern als das Ereignis selbst erlebt wird. (Zu wessen Nutzen diese Täuschung ist, erfahren wir deutlich im darauffolgenden Absatz, H.S.) Übrigens entspricht diesem Aktualitätsempfinden, das sich nicht auf den Termin von Ereignissen, sondern auf den Erlebniswert der Darstellung bezieht, auch das Verhältnis zu den meisten Werbebotschaften, die dem Leser eine schon bekannte Ware oder Marke präsentieren sollen."

Die Kategorien, mit denen diese Anleitung für die Manipulateure in den Redaktionen und Werbeabteilungen hergestellt wurde, sind fast die gleichen, die wir verwenden, um deren Produktionen zu entschleiern. Was uns jedoch fehlt, ist die affirmative Begeisterung, mit der ,der hohe Grad von Synchronisation (S. 71) zwischen der psychologischen Struktur des Neuen Blattes und den psychischen Grundbedürfnissen seiner Leser' angepriesen wird. Denn wir sind nicht der Meinung, daß es, wie es in der Untersuchung heißt, ,Grundbedürfnisse' sind, die von Produkten, wie dem Neuen Blatt angeblich befriedigt werden. Es handelt sich vielmehr um solche Bedürfnisse, deren Befriedigung die Spannung der Situation, aus der sie entstehen, noch verstärken. Eine zur Sättigung führende Befriedigung liegt auch weder im Interesse der Redaktion noch im Interesse der Wirtschaft, denn beide fänden dann keinen Absatz mehr für ihre unvernünftigen Produkte. Weder der Artikel des Neuen Blatts noch die angebotenen Waren können die wahren Bedürfnisse der Leser befriedigen. Letztere schon allein deswegen nicht, weil das Einkommen der Unterschicht zu gering ist, um den durch die Massenmedien vermittelten Konsumstandard erreichen zu können. ... Die Leser übernehmen Normen, die nicht der Lebenslage ihrer Schicht entsprechen, sondern eher der der Fürsten und Filmstars. Aus dieser falschen Identität resultiert die Unmöglichkeit, ein wahres schichtenspezifisches Bewußtsein oder schließlich ein Klassenbewußtsein zu bilden.

AUSSAGENANALYSE

Gerhard Maletzke

aus: Psychologie der Massenkommunikation. Theorie und Systematik.
Verlag Hans Bredow-Institut, Hamburg 1963, S. 58, 59, 60, 61, 62
64, 65, 69, 70

... Aufgabe der Aussagenanalyse ist es, Aussagen so systematisch und objektiv wie möglich beschreibend zu erfassen, indem bestimmte Aussagemerkmale analytisch behandelt und ihre Bedeutung und ihr Gewicht im Rahmen des Ganzen bestimmt werden. Dem Ideal der Objektivität sucht man dadurch nahezukommen, daß man − im Unterschied zu der älteren, subjektiv-impressionistischen Hermeneutik − die Merkmale der Aussage quantitativ verarbeitet und auswertet.

Dieser „reinen" Analyse, die lediglich systematisch beschreiben will, was in den Aussagen vorliegt, wird weiter unten die „erweiterte" Analyse gegenüberzustellen sein, die durch das Studium der Aussagen Aufschlüsse über die anderen Faktoren des Feldes der Massenkommunikation gewinnen soll. (S. 58)

Reine Aussagenanalyse

Mit der Aussagenanalyse kann ein *Werk in sich* untersucht werden. Dabei geht man von der Annahme aus, daß durch das Quantifizieren Aspekte aufgedeckt werden, die einem nur qualitativ interpretierenden Verfahren verborgen bleiben würden.

Einen wichtigen Anwendungsbereich findet hier die Aussagenanalyse in der Untersuchung des *Stils*, der Form, der Gestaltung, etwa bei der Bestimmung der Sprache, der Wortwahl, der grammatischen und syntaktischen Form, der Verwendung von Perioden, Bildern, Metaphern, Parabeln usw., also beim Studium von Merkmalen, die seit Jahrhunderten in der Literaturwissenschaft in qualitativer Interpretation behandelt wurden und die nun durch die Aussagenanalyse objektiver erfaßt werden sollen. Nach *Berelson* fallen der quantitativen Stilanalyse vier Aufgaben zu: 1. Untersuchung der Sprache, 2. Stilvergleiche von Aussagen verschiedener Zeitabschnitte, 3. Analyse von Stiltypen, 4. Studien über einzelne Autoren und ihren Stil. (S. 59)

Analysiert man Zeitungen, Zeitschriften, Bücher, Filme, Rundfunksendungen usw. über bestimmte Zeitspannen hin, so ergeben sich aus den Daten *zeitliche Veränderungen, Entwicklungen, Trends,* die sich dann oft als eng verflochten erweisen mit dem politischen, sozialen oder kulturellen Zeitgeschehen. (...)

Durch Gegenüberstellung und Vergleich von Daten der Aussagen-analyse lassen sich Merkmale und Tendenzen verschiedener *publi-zistischer Institutionen des gleichen Mediums* herausarbeiten, also etwa verschiedener Zeitungen oder mehrerer Rundfunkanstalten. Entsprechend läßt sich untersuchen, wieweit und in welcher Richtung ein bestimmter Stoff variiert wird, wenn er *durch ver-schiedene Medien* verbreitet wird, wenn also zum Beispiel eine Nachricht oder ein Bericht durch Zeitung, Rundfunk, Fernsehen und Wochenschau vermittelt oder ein dramatischer Stoff für die Bühne, den Film, den Rundfunk oder das Fernsehen „bearbei-tet" wird.

Auch publizistische *Aussagen verschiedener Länder* können mit Hilfe der Aussagenanalyse systematisch auf Übereinstimmungen oder Differenzen in Form und Inhalt geprüft werden. (S. 60)

Wichtige Einblicke in Wesen und Funktionen der Massenkommu-nikation können sich erschließen, wenn es gelingt zu untersuchen, ob die in den Aussagen enthaltenen Darstellungen von Ereignissen oder Sachverhalten — seien sie realer oder fiktiver Natur — *mit der Wirklichkeit übereinstimmen* oder ob und in welcher Rich-tung die Aussagen von der Realität abweichen. Eine solche Kon-frontation von Aussage und Wirklichkeit, Dichtung und Wahrheit, setzt allerdings voraus, daß über *beide* Seiten hinreichende und vergleichbare Daten vorliegen. (S. 61)

Ein Problem von weitreichender praktischer Bedeutung erhebt sich mit der Frage, *ob die Aussagen der Massenkommunikation mit den geltenden Normen, Standards, Sitten und Anschauungen übereinstimmen* oder von ihnen abweichen. (S. 62)

Erweiterte Aussagenanalyse

Die „reine" Aussagenanalyse, von der bisher die Rede war, begnügt sich mit der Beschreibung und Interpretation der Aussage „für sich" und fragt nicht nach ihrer Herkunft, ihrem Zweck und ihren Wir-kungen. Während einige Forscher den Standpunkt vertreten, mit dieser Bestandsaufnahme und Deutung der Aussage selbst sei die Aufgabe der Aussagenanalyse erschöpft, betrachten andere Wissen-schaftler diese Arbeit lediglich als Vorstufe für eine „erweiterte Aussagenanalyse", deren Aufgabe darin besteht, aus der Aussage heraus möglichst viele und zuverlässige Aufschlüsse über den Kom-munikator und den Rezipienten (bzw. das Publikum) zu gewin-nen. (S. 64)

Die Analyse kann dazu dienen,
    den Kommunikator zu identifizieren,

ihn als Persönlichkeit zu diagnostizieren,
seine Intentionen festzustellen. (S. 65)

Was die Aussagenanalyse hier bei dem gegenwärtigen Stand der
Forschung mit einiger Sicherheit zu leisten vermag, läßt sich fol-
gendermaßen zusammenfassen:
Die Aussagenanalyse kann mit hinreichender Präzision klären, wie
viele und welche Aussagen dem Publikum in einem bestimmten
Raum zu einer bestimmten Zeit zur Verfügung stehen, wie also das
Angebot aussieht, das dem jeweiligen Publikum zugänglich ist. Dabei muß man sich jedoch stets vergegenwärtigen, daß die Daten über
(S. 70) das Angebot noch nichts über die tatsächliche Zuwendung
der Rezipienten angeben. Das Verhältnis von Angebot und „Ver-
brauch" kann aus den Aussagen selbst nicht erschlossen werden.
Die Aussagenanalyse kann nicht die Wirkungen der Aussagen beim
Rezipienten ermitteln; sie kann aber wichtige *Voraussetzungen
für eine erfolgreiche empirische Wirkungsforschung* schaffen. Wie
sich Wirkungen in der Massenkommunikation vollziehen, läßt sich
nur verstehen, wenn es gelingt, die Veränderungen beim Rezipienten auf bestimmte Eigenschaften oder Merkmale der einwirken-
den Aussagen zurückzuführen.

Siegfried Kracauer

aus: Für eine qualitative Inhaltsanalyse, in: Ästhetik und Kommunikation,
Heft 7, 1972

Quantitative Analysen zum Beispiel versuchen gewöhnlich, die
„Richtung" einer Kommunikation zu bestimmen, d.h. in welchem
Maße sie „für", „gegen" oder „neutral" in Hinsicht auf ein vorge-
gebenes Thema ist. In solchen Beispielen erfolgt die Kodierung
oft aufgrund einer abgestuften Skala, die ein Kontinuum definiert,
das z.B. von „sehr günstig" bis „sehr ungünstig", von „sehr opti-
mistisch" bis „sehr pessimistisch" reicht. Einige quantitative Analytiker räumen jedoch ein, daß trotz solcher Skalen die Richtung
„nicht immer leicht auf objektive Art zu analysieren ist." (S. 53)

Qualitative Analyse unterscheidet sich definitionsgemäß von quan-
titativer Analyse dadurch, daß sie ihre Aufteilungen ohne besondere Rücksicht auf Häufigkeiten vornimmt. Was allein in qualitativer Analyse zählt — wenn das Wort in diesem Zusammenhang,
der sich dem Zählen widersetzt, gestattet sei —, ist die Auswahl
und rationale Organisation solcher Kategorien als Niederschlag
der realen Bedeutungen eines gegebenen Textes, wobei das Prüfen
haltbarer Thesen und Hypothesen zu berücksichtigen bleibt. (S. 56)

Im Gegensatz zu quantitativen Techniken, die schuldbewußt einige voreilige und unvollständige impressionistische Ansichten anführen, verfährt die qualitative Analyse ausgesprochen und entschieden impressionistisch. Und gerade aufgrund ihres entschiedenen Impressionismus vermag die qualitative Analyse eine Genauigkeit zu erreichen, wie sie quantitative Techniken aufgrund ihrer unterschwellig impressionistischen Abwege versagt ist. Die qualitative Exegese, die ihre Sondierungen über den Punkt hinausführt, an dem viele inhaltsanalytischen Untersuchungen, aus Furcht, zu weit vom sicheren Port der Statistik abzutreiben, vorzeitig innehalten, ist in der Tat zu Klassifikationen und Beschreibungen imstande, die den Texten weitaus angemessener sind als jene, die die quantitative Analyse gewöhnlich leistet. (S. 57)

... es stimmt, daß die qualitative Analyse, da sie zwangsläufig subjektiv ist, nicht die Genauigkeit und Gültigkeit ihrer Befunde in der Art einer exakten Wissenschaft ermitteln kann. Ein und dasselbe Thema kann unterschiedliche qualitative Einschätzungen von fast gleicher Glaubwürdigkeit hervorrufen, und wieviel Evidenz auch aufgestapelt sei, objektiv ist nicht zu bestimmen, welche Einschätzung der Wahrheit näherkommt. Obwohl jedoch auf diesem Gebiet keine objektive Wahrheit herrscht, zieht ihre Nichtpräsenz keine Gesetzlosigkeit nach sich. Die qualitative Analyse ist nämlich keine Disziplin, die willkürliche Spekulationen zuläßt. Die Anhänger der exakten Wissenschaft unter den Sozialwissenschaftlern übertreiben gern sowohl die Objektivität der quantitativen Analyse als die Gefahren, denen qualitative Techniken sich wegen ihrer Subjektivität aussetzen. Jeder historische Zeitraum bringt nur eine begrenzte Anzahl an wichtigen philosophischen Doktrinen, moralische Tendenzen und ästhetischen Präferenzen hervor und wenn die qualitative Analyse nicht auf dem Niveau bloßen Meinens operiert, wie es sein sollte, kann man diese Einflüsse ausmachen und in den Griff bekommen. Außerdem erweisen sich gewöhnlich Kommunikationen, die ausreichend offen sind, um die Imagination zu steuern, als ein mächtiger Faktor, der eine Konvergenz der Standpunkte und Ansätze zuwegebringt. (S. 57)

Die meisten Kommunikationen sind nicht so sehr fixierte Entitäten als ambivalente Herausforderungen. Sie fordern den Leser oder den Analytiker dazu heraus, sie zu absorbieren oder auf sie zu reagieren. Nur indem er dies je Ganze mit seinem eigenen ganzen Sein aufnimmt, wird der Analytiker ihre Bedeutung — oder eine ihrer Bedeutungen — entdecken wie bestimmen können und so zu ihrer Selbstverwirklichung beitragen. Subjektivität, alles andere als ein

Hindernis, ist in Wahrheit unabdingbar zur Analyse der Materialien, die vor unseren Augen sich in Nichts auflösen, wenn man sie irrtümlich für tote Materialien hält. Die quantitative Analyse ist nicht frei von solchem nihilistischen Einfluß. Tatsächlich markieren viele quantitative Untersuchungen den Ort, wo ein falsches Objektivitätsstreben außerstande war, die innere Dynamik eines atomisierten Inhalts aufzudecken.

Zum Schluß eine Anregung: die Kodifizierung der zu qualitativer Analyse verwendeten Haupttechniken wäre wünschenswert.

Christian Metz

aus: Probleme der Denotation im Spielfilm, in: Sprache im Technischen Zeitalter, Heft 27, 1968, S. 225

Die Begriffe „Denotation" und „Konnotation" gehen auf J. St. Mill und Louis Hjelmslev zurück. „Denotation" meint bei Mill die direkte Bezeichnung eines Gegenstandes, Begriffes usw. („reference", etwa auch „Bedeutung" bei Frege), „Konnotation" das mittelbar Mitgemeinte, das sind vor allem Eigenschaften, die dem bezeichneten Gegenstand inhärent sind („meaning", „sense", bei Frege „Sinn"). Bei Hjelmslev meint Denotation den buchstäblichen Sinn einer Aussage, und Konnotation die verschiedenen symbolischen oder stilistischen Nebenbedeutungen dieser Aussage. Ein Beispiel: In der heutigen deutschen Sprache haben die Wörter *Fiedel* und *Geige* denselben Sinn auf der Ebene der Denotation, aber nicht auf der Ebene der Konnotation. (S. 225, Redakt. Anmerkung)

Dieter Baake

aus: Der traurige Schein des Glücks. Zum Typus kommerzieller Jugendzeitschriften, in: Ehmer (Hrsg.), Visuelle Kommunikation, Köln 1971, Du Mont. Darin: Methodische Überlegungen zur Interpretation, S. 239 ff. S. 239, 240, 241, 242, 243, 245, 246.

Sprache und Bild

Die Sprache gilt als Reservoir symbolischer Formen (Cassirer), die durch Tradition und gemeinsamen Gebrauch eine — im Vergleich zu anderen Medien — relativ eindeutige Verständigung zuläßt. Das fotografische, oder allgemein: elektronische Bild (das im Gegensatz zum gemalten noch nicht Bestandteil der Kunstgeschichte ist und nicht als primärer Ausdruck individuell-handwerklicher Techniken gilt) erscheint im Gegensatz dazu als offener, vieldeutiger, damit auch als weniger stringent und rational. (S. 239)

Wir sind noch viel zu sehr gewohnt, Sprache und Bild getrennt zu betrachten, höchstens das eine als Bestandteil des anderen anzusehen und diesem auf diese Weise wieder zu subsumieren. Das liegt an unserer Lehrtradition, die auf Universität und Schule beide Medien getrennt behandelte (und dabei der Sprache, mit zweifelhaftem Recht, absoluten Vorrang beimaß), und natürlich auch daran, daß Bilder und Bücher zweierlei waren und sind. Erst die illustrierte Massenpresse, die uns hier interessiert, und neuerdings das Fernsehen, (...) haben gezeigt, daß Sprache und Bilder im Verhältnis von Cooperation oder Konkurrenz stehen können. (S. 239)

Heimann spricht von einer *Doppelcodierung* einer Botschaft durch Wort und Bild, wobei jenes erklärt und die Diskursivität einbringt, das Bild hingegen die plane Tatsächlichkeit des Vorhandenen kommentarlos repräsentiert. Solche Entgegensetzung *kann* stimmen; sie ist aber kein mediales Gesetz. Es ist zwar durchaus denkbar, daß eine Information sich durch das dokumentarische Bild beglaubigt, während der Wortkommentar die notwendigen Erläuterungen gibt: über Ort und Zeit (wenn dies nicht eindeutig sichtbar ist), über den Zusammenhang des sichtbaren Vorgangs mit Vergangenheit und Zukunft und, als subjektive Meinung, über Ursache, Folgen des gezeigten Tatbestandes; Bewertung und Stellungnahme können sich anschließen. Heimann nennt das eine *Vergitterung des Bildes:* seine semantische Vieldeutigkeit wird durch das ordnende und reihende Sprechraster gleichsam parzelliert und somit auch in eine Art von Eindeutigkeit eingebracht. Zwar verliert das Bild dadurch sein Vieldeutiges. Es wird verkürzt, indem der Blick durch den Kommentar auf bestimmte, hervorgehobene Punkte gelenkt wird, wird durch diese Methode aber auch erst als Nachricht verwendbar: seine vielsagende Stummheit „wird zum Sprechen gebracht". In solchem Falle *ergänzen* Sprache und Bild einander. Eines allein wäre nur ein Bruchteil der Botschaft; erst ihre arrangierte Durchdringung schafft Verständigung, beseitigt die störenden Nebengeräusche: ermöglicht Information.
Aber es ist sicher zweifelhaft, dem Bild grundsätzlich Sensibilität, dafür ein gewisses dummes ich-weiß-nicht-wie-und-warum zuzuschreiben, der Sprache aber Stringenz und Rationalität vorzubehalten. Dies mag stimmen, wenn man den diskursiven Aufbau der Sprache betrachtet, die Tatsache, daß sie ohne Reihung logische Verknüpfung nicht zum Satz kommt, also keine Sprache ist. Sieht man aber auch ihre Wirkung, so ist nicht zu leugnen, daß Sprache zwar ,rational' sein mag, aber in Expression oder Appell durchaus sensibilisierende (man denke an Gedichte Brentanos) oder emotionalisierende (man denke an Goebbels-Reden) Effekte her-

130

vorbringt – während es durchaus kontemplative ‚kühle‘ Bilder
gibt, deren Verständnis Distanz und rationale Akkuratesse erfordert.

Schon diese kurze Überlegung zeigt, daß die Zuordnungen von
Sprache und Bild komplizierter und mehrdimensionaler sind, als
es auf den ersten Blick den Anschein hat. (S. 239/240)

Die Interpretation eines Kunstwerkes oder eines Wort-Bild-Patterns der Massenkommunikation kann Verschiedenes sehen und
hervorheben – je nach dem ‚Schnitt‘, der durch den betrachteten
Gegenstand gelegt wird. Auf solche Weise wird ‚Bedeutung‘ erschlossen. Diese kann sehr verschieden aufgedeckt werden und danach
auch verschieden ausfallen: man kann allein die Oberfläche eines
Bildes betrachten; man kann die Symbolschicht, die tiefer liegt,
hervorzuheben suchen und schließlich auch den transindividuellen
Rahmen, der es einer Kulturphase zuordnet. (S. 241)

Eine primäre ‚Sinnschicht‘, die wir aufgrund unserer unmittelbaren Erfahrung begreifen können, liegt den meisten offen zutage:
sie trifft auf unseren *Phänomensinn*, der sich mit den Anmutungen
begnügt, den die krude Oberfläche eines Dinges an uns stellt. Dieser Phänomensinn kann, betont man seine *faktuelle* Leistung, die
sinnlichen Eigenschaften eines Dinges bezeichnen – „wenn z.B.
ein Pfirsich als *samtig* oder eine Spitze als *duftig* beschrieben wird“
– oder mehr die sinnlichen Prozesse, die sich im Betrachter abspielen – „wenn man z.B. von *kalten* und *warmen* Farben spricht“.
Aber die ‚sekundäre Sinnschicht‘ ist die eigentlich bedeutende,
von daher (nicht von der Zugänglichkeit!) gesehen also primär.
Sie bedarf zu ihrer Aufdeckung mehr als die Naivität bloßen Betrachtens: nämlich ‚sachgerechter‘ Begriffe und kulturellen, historischen, sowie politischen, soziologischen und psychologischen
etc. Wissens, die allein eine ‚wirkliche Deutung‘ ermöglichen. Diese betrifft demnach den *Bedeutungssinn*. Auch dieser kann in
zweierlei Weise funktionieren, und zwar im Rahmen der *Ikonografie* sowie der *Ikonologie*. Erstere entschlüsselt „Themen und Vorstellungen, die in Bildern, Geschichten und Allegorien ihren Ausdruck finden (...) beispielsweise die Darstellung des Abendmahls
durch die Personengruppe, die in festgelegter Weise um einen Tisch
herum angeordnet ist“; letztere wendet sich dem – nach Panofsky
– immanenten Sinn oder Gehalt zu –, der „in einer ikonologischen
Interpretation, die sich zur ikonographischen verhält wie die Ethnologie zur Ethnographie – nur dann erfaßt werden kann, wenn die
ikonographischen Bedeutungen und die Kompositionsverfahren
als ‚kulturelle Symbole‘, als Ausdruck der Kultur einer Nation,

einer Epoche oder einer bestimmten Klasse aufgefaßt werden".
Eine Werkbetrachtung, die nicht zur Ikonographie vorstößt, nennt
Bourdieu ,romantisch': sie beschränkt sich mit den physiognomi-
schen, quasi expressiven Qualitäten, also auf einen Individualstil
von Künstler und Kunstwerk; vernachlässigt aber die Tatsache,
daß Motive, Gestaltungsprinzipien, Komposition und Technik
bestimmt werden durch eine große Anzahl gesellschaftlich-kultu-
reller Zeugnisse und Strömungen, denen das Werk Ausdruck gibt.
Die Vermittlung zwischen der verborgenen Struktur der Bedeutung und dem Phänomen leistet der *Habitus* (dessen Begriff Panofsky an der Scholastik expliziert) In ihm fallen gleichsam Phäno-
und Genotyp eines Werkes zusammen: er ist die sinnliche Oberfläche *und* deren Strukturierung durch die Bedeutung, die ihr
Maß und Form gibt, sie der Beliebigkeit entzieht. Bourdieu spielt
auf Chomsky an, wenn er den Habitus eine ,,generative Grammatik
der Handlungsmuster" nennt, und tatsächlich liegt die Analogie
des Ansatzes zwischen strukturierender Linguistik und Kunstbetrachtung auf der Hand: wie jene allgemeine Gesetze und Tiefen-
strukturen erschließt, auf die sich alle Satzbaumuster zurückführen
lassen, so diese jene grundsätzlichen Prinzipien, die die zur Erscheinung kommende Struktur eines Werkes bestimmen. Allerdings —
das tertium comparationis muß beachtet werden: die Kunstbetrachtung besitzt weder die in der Linguistik entwickelten Verfahren, noch wird es ihr möglich sein — und das ist die Begründung
für die erste Einschränkung —, Bildbotschaften so zu ordnen wie
Satzbaumuster — weil die optische Semantik ,offen' ist und schwer-
lich auf eine Systematik festlegbar, es zudem eine festgelegte Buch-
staben- und Wortsymbolen entsprechende ,Bildsyntax'
vielleicht gar nicht und jedenfalls noch nicht gibt. So muß sich
die strukturalistische Werkbetrachtung damit begnügen, wenigstens
die verbindenden Strukturbezüge einer Epoche oder sozialen Klasse herauszufinden. Sie bleibt dabei mehr oder weniger im Zufälli-
gen des historischen Materials. (S. 241/242)

Panofsky und Bourdieu entwickeln ihre Interpretationskategorien
in Hinsicht auf Kunstwerke. Aber die Methode ist natürlich unabhängig vom Material; sie gilt auch für Texte oder für die doppel-
codierte Darstellung von Fernsehen und illustrierter Zeitschrift.
Für letztere ist sie sogar besonders geeignet, weil in dieser Methode von vornherein weniger auf einem individuellen Werksinn in-
sistiert zu werden braucht; ihre Botschaften sind vielmehr Ausdruck der sozialen ,,generativen Verhaltensgrammatik" einer gesellschaftlichen und ökonomischen Konstellation, die sie weniger

(wie vielleicht ‚Kunst') transzendieren als reflektieren — es braucht hier nur an die gegenseitige Abhängigkeit von Anzeigen- und Lesekunde sowie Journalist erinnert zu werden, und aller vom wirtschaftlichen System, ein Rückkopplungsverhältnis, von dem sich der Habitus des Text-Bild-Arrangements direkt ableitet. — Die beschriebene Methode hat zudem den Vorteil, den betrachteten Gegenstand nicht in die Isolation des Werkcharakters zu stellen, ihn vielmehr, unter Aufspürung des ikonologischen Bedeutungssinns, als *Wirkungsprozeß* darzustellen, als Variable gesellschaftlicher Gewohnheiten und Zwänge. Diese kann man bei vordergründiger Betrachtung oft nicht entdecken; dazu muß erst die strukturelle Logik von Sprache und Bild erschlossen werden, der *Mythos* nach Roland Barthes als zweites, bedeutungshaltiges semiologisches System, das dem ersten, dem harmlosen Augenschein, letztlich zugrunde liegt. Wichtig ist nicht so sehr, *was* vordergründig ausgesprochen wird, sondern die *Art und Weise,* in der es arrangiert ist. (S. 242/3)

... „die Lesbarkeit eines Kunstwerkes hängt für ein bestimmtes Individuum (wir ergänzen: eine Epoche/eine Gruppe von Menschen) von der Distanz zwischen dem Emissionsniveau (verstanden als der Grad der immanenten Komplexität und Verfeinerung des vom Werk erforderten Codes) und dem Rezeptionsniveau ab (das sich daran bemißt, inwieweit das Individuum den sozialen Code beherrscht, der dem vom Werk erforderten Code mehr oder weniger angemessen sein kann").
Wir besitzen generell keine verläßlichen Instrumente, die Distanz zwischen Emission und Rezeption zu messen, sondern müssen uns — neben der Werkanalyse, die den Werkcharakter betont, — mit der Beobachtung der Wirkung begnügen. (S. 245)
... in den kommerziellen Jugendzeitschriften (und überhaupt in der Massenpresse) besteht kaum ein Gefälle zwischen Emission und Rezeption, da die Emission ja abgeleitet ist vom Rezeptionsniveau der Adoleszenten. Allerdings: (...) die Text/Bild-Botschaft (dient, d.V.) keineswegs dazu (...), auch nur im mindesten creativabweichend produktiv zu machen, vielmehr (ist sie, d.V.) so arrangiert ist, daß sie als Rückspiegelung und Verstärkung der eigenen Bedürfnisse verstanden werden kann, die das Rezeptionsniveau bestimmen. Allerdings sind diese Bedürfnisse keine genuinen, natürlichen, sondern durch einen gesellschaftlichen Versagungskontext produziert: ‚falsche' Bedürfnisse und ‚falsches' Bewußtsein generieren sich hier gegenseitig. So entsteht ein (was Kritik und Variabilität angeht) statisch spannungsloses Weltbild, in dem Eindordnung, An-

passung, Erfolgs- und Gewinnstreben die dominierenden Werte
sind (S. 245/6)

Roland Barthes

aus: Die strukturalistische Tätigkeit, in: G. Schiwy, Der Französische Strukturalismus, Reinbek 1969 (rde 310/311), S. 155, 156

Die strukturalistische Tätigkeit umfaßt zwei typische Operationen:
Zerlegung und Arrangement. Indem man das erste Objekt zerlegt,
findet man in ihm lose Fragmente, deren winzige Differenzen untereinander eine bestimmte Bedeutung hervorbringen; das Frag-
ment an sich hat keine Bedeutung, ist aber so beschaffen, daß die
geringste Veränderung, die man an seiner Lage und Gestalt vornimmt, eine Änderung des Ganzen bewirkt. (S. 155)

Die Operation des Zerlegens erzeugt (...) einen ersten zersplit-
terten Zustand des Simulacrums, doch die Einheiten der Struktur sind durchaus nicht anarchisch: bevor sie verteilt und in die
Komposition eingeschlossen werden, bildet jede von ihnen zusammen mit dem ihr zugehörigen möglichen Vorrat einen intelligen-
ten Organismus, der einem obersten bewegenden Prinzip unterworfen ist: dem des kleinsten Unterschiedes.
Den gesetzten Einheiten muß der strukturale Mensch Assoziations-
regeln ablauschen oder zuweisen: das ist die Tätigkeit des Arran-
gierens, die der Tätigkeit der Nennung folgt.
(...) durch die regelmäßige Wiederkehr der Einheiten und Asso-
ziationen von Einheiten kommt das Werk als konstruiertes zum
Vorschein, das heißt mit Bedeutung versehen. (S. 156)

aus: Mythen des Alltags, Frankfurt 1970 (ed suhrkamp 92), S. 85, 86, 87
90, 91, 92, 94, 95.

Der Mythos ist eine Aussage

Natürlich ist er nicht irgend eine beliebige Aussage: die Sprache
braucht besondere Bedingungen, um Mythos zu werden. Man
wird sie alsbald erkennen. Zu Beginn muß jedoch deutlich fest-
gestellt werden, daß der Mythos ein Mitteilungssystem, eine Botschaft ist. Man ersieht daraus, daß der Mythos kein Objekt, kein
Begriff oder eine Idee sein kann; er ist eine Weise des Bedeutens,
eine Form. Später werden für diese Form die historischen Grenzen, die Bedingungen ihrer Verwendung anzugeben sein, und später wird auch die Gesellschaft wieder in sie eingeführt werden
müssen; doch darf uns das nicht davon abhalten, sie zunächst
als Form zu beschreiben.
Es wäre höchst irrig, eine substantielle Unterscheidung zwischen

den mythischen Objekten treffen zu wollen; da der Mythos eine Aussage ist, kann alles, wovon ein Diskurs Rechenschaft ablegen kann, Mythos werden. Der Mythos wird nicht durch das Objekt seiner Botschaft definiert, sondern durch die Art und Weise, wie er diese ausspricht. Es gibt formale Grenzen des Mythos, aber keine inhaltlichen. (S. 85)

(...) Das Bild wird in dem Augenblick, da es bedeutungsvoll wird, zu einer Schrift: es hat, wie die Schrift, den Charakter eines Diktums.

Man verstehe also hier (...) unter *Ausdrucksweise, Sprache, Diskurs, Aussage* usw. jede bedeutungsvolle Einheit oder Synthese, sei sie verbaler oder visueller Art. Eine Photographie ist für uns auf die gleiche Art und Weise Aussage wie ein Zeitungsartikel, die Objekte selbst können Aussage werden, wenn sie etwas bedeuten. (S. 87)

(...) sie (die Mythologie, d. V.) gehört als formale Wissenschaft zur Semiologie und zugleich zur Ideologie als historische Wissenschaft, sie untersucht Ideen — in Form.
Ich erinnere deshalb daran, daß jede Semiologie eine Beziehung zwischen zwei Termini postuliert, von denen der eine der „bedeutende" und der andere der „bedeutete" ist. Diese Beziehung betrifft Objekte verschiedener Ordnung, und aus diesem Grund ist sie nicht eine der Gleichheit, sondern eine der Äquivalenz.
(...) Es gibt also das *Bedeutende*, das *Bedeutete* und das *Zeichen*, das die assoziative Gesamtheit der ersten beiden Termini ist. Man denke an einen Rosentrauß: ich lasse ihn meine Leidenschaft bedeuten. Gibt es hier nicht doch nur ein Bedeutendes und ein Bedeutetes, die Rosen und meine Leidenschaft? Nicht einmal das, in Wahrheit gibt es hier nur die „verleidenschaftlichten" Rosen. Aber im Bereich der Analyse gibt es sehr wohl drei Begriffe, denn diese mit Leidenschaft besetzten Rosen lassen sich durchaus und zu Recht in Rosen und Leidenschaft zerlegen. Die einen ebenso wie die andere existierten, bevor sie sich verbanden und dieses dritte Objekt, das Zeichen, bildeten. So wenig ich im Bereich des Erlebens die Rosen von der Botschaft trennen kann, die sie tragen, so wenig kann ich im Bereich der Analyse die Rosen als Bedeutende den Rosen als Zeichen gleichsetzen: das Bedeutende ist leer, das Zeichen ist erfüllt, es ist ein Sinn. (S. 90/91)

Aber der Mythos ist insofern ein besonderes System, als er auf einer semiologischen Kette aufbaut, die bereits vor ihm existiert; *er ist ein sekundäres semiologisches System.* Was im ersten Sys-

tem Zeichen ist (das heißt assoziatives Ganzes eines Begriffs und
eines Bildes), ist einfaches Bedeutendes im zweiten. Man muß
hier daran erinnern, daß die Materialien der mythischen Aussage
(Sprache, Photographie, Gemälde, Plakat, Ritus, Objekt usw.), so
verschieden sie auch zunächst sein mögen, sich auf die reine Funktion des Bedeutens reduzieren, sobald der Mythos sie erfaßt. Der
Mythos sieht in ihnen ein und denselben Rohstoff. Ihre Einheit
vesteht darin, daß sie alle auf den einfachen Status einer Ausdrucksweise zurückgeführt sind. Ob es sich um eigentliches oder
um bildliches Schreiben handelt, der Mythos erblickt darin eine
Ganzheit von Zeichen, ein globales Zeichen, den Endterminus
einer ersten semiologischen Kette. Und gerade dieser Endterminus des vergrößerten Systems, das er errichtet. Alles vollzieht sich
so, als ob der Mythos das formale System der ersten Bedeutung
um eine Raste verstellte. (S. 92/93)

Sprache	1. Bedeutendes	2. Bedeutetes	
	3. Zeichen I. BEDEUTENDES		II. BEDEUTETES
MYTHOS	III. ZEICHEN		

Man sieht, daß im Mythos zwei semiologische Systeme enthalten
sind, von denen eines im Verhältnis zum andern verschoben ist:
ein linguistisches System, die Sprache (oder die ihr gleichgestell-
ten Darstellungsweisen), die ich *Objektsprache* nenne — weil sie
die Sprache ist, deren sich der Mythos bedient, um sein eigenes
System zu errichten — und der Mythos selbst, den ich *Metasprache* nenne, weil er eine zweite Sprache darstellt, *in der* man von
der ersten spricht. Beim Nachdenken über die Metasprache braucht
der Semiologe sich nicht mehr über die Zusammensetzung der
Objektsprache zu befragen, er braucht die Einzelheiten des
linguistischen Schemas nicht mehr zu berücksichtigen. Er muß
von ihr lediglich den Gesamtterminus oder das globale Zeichen
kennen, und zwar nur insoweit, als dieser Terminus dem Mythos
dient. Darin liegt die Begründung dafür, daß der Semiologe berech-
tigt ist, Schrift und Bild auf ein und dieselbe Weise zu behandeln.
Er behält von beiden nur, daß sie *Zeichen* sind, sie gelangen bei-

de, mit der gleichen Bedeutungsfunktion versehen zur Schwelle des Mythos und bilden beide eine Objektsprache. (S. 93/94)

Hier ein (...) Beispiel: Ich sitze beim Friseur, und man reicht mir eine Nummer von *Paris-Match*. Auf dem Titelbild erweist ein junger Neger in französischer Uniform den militärischen Gruß, den Blick erhoben und auf eine Falte der Trikolore gerichtet. Das ist der *Sinn* des Bildes. Aber ob naiv oder nicht, ich erkenne sehr wohl, was es mir bedeuten soll: daß Frankreich ein großes Imperium ist, daß alle seine Söhne, ohne Unterschied der Hautfarbe, treu unter seiner Fahne dienen und daß es kein besseres Argument gegen die Widersacher eines angeblichen Kolonialismus gibt als den Eifer dieses jungen Negers, seinen angeblichen Unterdrückern zu dienen. Ich habe also auch hier ein erweitertes semiologisches System vor mir: es enthält ein Bedeutendes, das selbst schon von einem vorhergehenden System geschaffen wird *(ein farbiger Soldat erweist den französischen militärischen Gruß)*, es enthält ein Bedeutetes (das hier eine absichtliche Mischung von Franzosentum und Soldatentum ist), und es enthält schließlich die *Präsenz* des Bedeuteten durch das Bedeutende hindurch. (S. 95)

Umberto Eco

aus: Die Gliederung des filmischen Codes, in: Semiotik des Films, München 1971, Hanser Verlag, S. 71, S. 72, S. 73, S. 74, S. 75, S. 76, S. 77, S. 78 S. 79, S. 80

Wenn es eine bestimmte Richtung gibt, in der eine semiotische Analyse vorzugehen ist, so ist diese, jedes kommunikative Phänomen auf eine Dialektik zwischen den Codes und den Nachrichten zu reduzieren. .... Die semiotische Analyse geht von dem Prinzip aus, daß Kommunikation dann und nur dann stattfindet, wenn sich der Sender eines Systems von konventiell durch die Gesellschaft (wenn auch auf unbewußter Ebene) festgelegten Regeln – eben der Codes – bedient.

Auch dort, wo eine noch so freie und erfinderische Ausdrucksweise vorzuliegen scheint (wo der Übermittler die Art der Kommunikation im Übermittlungsakt selbst zu finden scheint), weist die Tatsache, daß der Empfänger die Nachricht versteht, darauf hin, daß sie auf einem Code gegründet ist. Auch wenn wir ihn nicht erkennen, so bedeutet das nicht, daß er nicht vorhanden ist, sondern nur, daß wir ihn noch finden müssen. Es kann sein, daß es sich um einen äußerst schwachen, vorübergehenden Code handelt, der sich erst seit kurzem gebildet hat und bestimmt ist, sich binnen kurzem umzubilden; aber er muß vorhanden sein. (S. 71)

Das bedeutet natürlich nicht, daß es demnach keine Kommunikation geben kann, die neue Arten der interpersonalen Beziehungen
einführt, erfindet oder die bestehenden verändert. Die Nachricht
mit ästhetischer Funktion ist das Beispiel einer Nachricht, die den
Code in Frage stellt und durch den eigenen Kontext eine derart
ungewöhnliche Beziehung zwischen den Zeichen herstellt, daß von
diesem Augenblick an unsere Art, die Möglichkeiten des Code zu
sehen, sich ändern muß: In diesem Sinne ist die Nachricht in höch-
stem Grade informativ und erschließt sich einer Übermittlung von
konnotativen Komponenten. Aber es gibt keine Information, die
sich nicht auf redundante Anteile stützt. Man kann gegen den Code
nur bis zu einem bestimmten Grade verstoßen und muß ihn in anderen Punkten respektieren. Andernfalls entsteht keine Kommunikation,
sondern ‚Geräusch‘ (noise), keine Information als Dialektik zwischen beherrschter Unordnung und in Frage gestellter Ordnung,
sondern Unordnung in reinem Zustande. Man kann demnach nicht
zu einer Aufdeckung der erfinderischen Akte übergehen, wenn man
nicht vorher die Ebene des Codes festgelegt hat, auf der die Nachricht entsteht. Wenn man die Codes nicht kennt, kann man auch
nicht sagen, wo die Erfindung eingesetzt hat. (S. 72)

... indem die Semiotik Codes als Systeme von Erwartungen entwirft, welche in der Zeichenwelt gültig sind, entwirft sie auch die
dazugehörigen Systeme von Erwartungen in der Welt der psychologischen Verhaltensweisen und der vorgegebenen Denkarten.
Die Semiotik zeigt uns in der in Codes und Untercodes geglieder-
ten Zeichenwelt die Welt der Ideologien, die sich in den vorgegebenen Arten, die Sprache zu gebrauchen, abzeichnen. (S.72/73)

Unser Problem ist nun dieses, zu sehen, ob es möglich ist, die Sprache des Bildes auf einen Code, die angebliche Sprache der Handlung auf eine Konvention zu reduzieren. (S. 73)

Die ikonischen Zeichen reproduzieren einige Wahrnehmungsverhältnisse, die auf den normalen Wahrnehmungscodes gründen,
mit anderen Worten, wir nehmen das Bild wahr als eine auf einen
gegebenen Code bezogene Nachricht; dieser Code jedoch ist der
normale Wahrnehmungscode, der jedem Erkenntnisakt voran-
geht. Zwar reproduziert das ikonische Zeichen die Wahrnehmungsverhältnisse, doch reproduziert es nur einige. (S. 74)

(Die, d.V.) These vom Photo als einem Analogon der Wirklichkeit
ist auch von denen, die sie einst vertreten haben, aufgegeben worden;
wir wissen, daß wir geschult werden müssen, um eine photographische Widergabe zu erkennen; wir wissen, daß das Bild, das sich

auf dem Film abzeichnet, Analogien zu dem Netzhautbild besitzen kann, aber nicht zu dem, was wir wahrnehmen; wir wissen, daß die Sinnesphänomene, die sich in der Wirklichkeit abspielen, mit bestimmten Mitteln auf die photographische Platte übertragen werden – die zwar mit den realen Phänomenen in einem Ursache-Wirkung-Zusammenhang stehen, aber ihnen gegenüber ganz willkürlich erscheinen, wenn sie erst einmal graphisches Faktum geworden sind. Natürlich gibt es verschiedene Grade der Willkür und der Naturgesetzlichkeit, ein Aspekt, der vertieft werden muß. Aber es ändert nichts an der Tatsache, daß – jeweils in verschiedenem Grade – jedes Bild aus einer Reihe aufeinanderfolgender Transkriptionen entsteht. (S. 74/75)

... alles das, was in den Bildern uns noch analog, kontinuierlich, begründet, natürlich und damit irrational erscheint, einfach etwas ist, was wir mit unseren heutigen Kenntnissen und operationalen Fähigkeiten noch nicht auf Diskretes, Digitales, rein Differenziertes zurückführen können. (S. 75/76)

Um das bisher Gesagte zusammenzufassen, möchte ich folgendes Verzeichnis aufstellen:

1. Wahrnehmungscodes
Untersuchungsgegenstand der Wahrnehmungspsychologie. Sie legen die Verhältnisse für eine hinreichende Wahrnehmung fest.
2. Erkennungscodes
Sie gestatten Zusammenhänge von Wahrnehmungsverhältnissen zu Sematen, welche Bedeutungszusammenhänge sind (z.B. schwarze Streifen auf weißem Fell), auf Grund derer wir wahrzunehmende Objekte erkennen und uns an wahrgenommene Objekte erinnern. (S. 76/77)

3. Übertragungscodes
Sie gestalten die Bedingungen für das Auftreten einer im Hinblick auf eine Wahrnehmung von Bildern nützliche Sensation, z.B. der Raster einer gedruckten Photographie oder der Standard der Zeilen, die das Fernsehbild ermöglichen. Sie sind auf der Grundlage der physikalischen Informationstheorie analysierbar und legen fest, wie man eine Sensation, nicht wie man eine schon fertiggestellte Wahrnehmung übertragen kann. (S. 77)

4. Tonale Codes
Wir bezeichnen damit die verschiedenen Systeme fakultativer Varianten, die bereits konventionalisiert wurden; die suprasegmentalen Eigenschaften, die besondere Intonationen des Zeichens (wie

Nachdruck, Spannung usw.) und ganze Konnotationssysteme bedeuten (wie z.B. das „Graziöse" oder das „Ausdrucksvolle"). (S.77)

5. Ikonische Codes

In der Hauptsache gründen sie auf wahrnehmbaren Elementen, die auf der Grundlage von Übertragungscodes realisiert sind. Sie gliedern sich in figurae, Zeichen und Semata.

a) figurae:

Es sind Wahrnehmungsverhältnisse (z.B. Figur-Hintergrund-Beziehungen, Lichtkontraste, geometrische Verhältnisse), transkribiert in graphische Zeichen nach Modalitäten, die der Code festlegt. (s.77)

b) Zeichen:

Sie bezeichnen denotativ vermittels konventionell festgelegter graphischer Kunstgriffe Erkennungssemata (Nase, Auge, Himmel, Wolke) bzw. „abstrakte Modelle", Symbole, begriffliche Diagramme des Objekts (Sonne als Kreis mit Strichen als Strahlen). ....

c) Semata:

Sie sind das, was wir gewöhnlich unter „Bild" oder sogar unter einem „ikonischen Zeichen" verstehen („ein Mann", „ein Pferd" usw.). In der Tat stellen sie eine komplexe ikonische Aussage dar (wie z.B. „Dies ist ein stehendes Pferd im Profil" oder überhaupt „Hier ist ein Pferd"). ....

6. Ikonographische Codes

Sie wählen als Signifikanten die Signifikate der ikonischen Codes aus, um komplexere und Kulturgut gewordene Semata konnotativ zu bezeichnen (nicht „Mann" oder „Pferd", sondern „Mann-Monarch", „Pegasus", „Buzephalus" oder „Eselin von Balaam"). Sie sind erkennbar auf Grund der ikonischen Variationen, da sie sich auf auffällige Erkennungssemata gründen. (S. 78)

7. Codes des Geschmacks und der Sensibilität

Sie legen (bei größter Veränderlichkeit) die konnotativen Komponenten fest, die die Semata der obengenannten Codes hervorrufen. Ein griechischer Tempel kann die konnotative Komponente „harmonische Schönheit", „Ideal griechischer Gesinnung", „Antike" besitzen. ....

8. Rhetorische Codes

Sie entstehen durch Konventionalisierung neuer ikonischer Lösungen, die dann vom Gesellschaftskörper assimiliert und zu Modellen oder Kommunikationsnormen werden. Man unterscheidet, wie überhaupt bei rhetorischen Codes, zwischen Tropen, Prämissen und Topois. (S. 79)

9. Stilistische Codes

Bestimmte originelle Lösungen oder solche, die von der Rhetorik kodifiziert oder nur ein einziges Mal verwirklicht worden sind, besitzen immer, wenn sie angeführt werden, die konnotative Komponente einer stilistischen Leistung ... (S. 80)

10. Codes des Unterbewußtseins

Sie gestalten bestimmte ikonische oder ikonologische, rhetorische oder stilistische Darstellungen, denen man auf Grund von Konventionen das Vermögen zuschreibt, gewisse Identifizierungen oder Projektionen möglich zu machen, gegebene Reaktionen hervorzurufen, psychologische Situationen auszudrücken. (S. 80)

INHALTSVERZEICHNIS